太极拳文化概论

崔黎明 / 著

河南大学出版社
HENAN UNIVERSITY PRESS
·郑州·

图书在版编目（CIP）数据

太极拳文化概论 / 崔黎明著. -- 郑州：河南大学出版社, 2024. 8. -- ISBN 978-7-5649-6043-8

Ⅰ. G852.11

中国国家版本馆 CIP 数据核字第 2024D6R727 号

责任编辑　任湘蕊
责任校对　席　兵
封面设计　高枫叶

出版发行　河南大学出版社
　　　　　地址：郑州市郑东新区商务外环中华大厦 2401 号　　邮编：450046
　　　　　电话：0371-86059701（营销部）
　　　　　网址：hupress.henu.edu.cn
排　　版　河南大学出版社设计排版部
印　　刷　郑州市今日文教印制有限公司
版　　次　2024 年 8 月第 1 版　　　　　　印　次　2024 年 8 月第 1 次印刷
开　　本　710 mm×1010 mm　1/16　　　印　张　14.5
字　　数　208 千字　　　　　　　　　　定　价　42.00 元

（本书如有印装质量问题，请与河南大学出版社联系调换。）

序

乔凤杰

黎明的《太极拳文化概论》即将出版了，在替他感到高兴的同时，我的内心似乎也突然轻松了好多。因为，作为一个对其写作过程比较了解的同窗好友，我深知写作这本书的难度和他的艰辛付出。或许正因如此，虽然我这篇在几个月前就已经答应要写的"友情序"一直没有时间动笔，但每想到这件事并为此感到内疚的时候，却总会被自己的"替友开心"之情冲淡好多。

我和黎明是大学同学，我高他三个年级，但在毕业留校后曾经给他们班上过课，所以直到现在他总叫我老师，而我却坚定地认为他是我的同学。我对黎明的深刻印象，从他一进入大学就产生了，因为他是那个时代我们同学中少有的精于太极拳的武术专选班学生。近三十年的时间过去了，可他刚入学时练习太极拳的形象却从来没有在我的印象中消失过。在他大学毕业参加工作后，我们虽见面不多，但或许是武术特别是太极拳的原因，还一直保持着联系。在我的心目中，他的形象早已经太极化了——不但太极拳练得好，而且在待人接物、为人处事中处处展现着鲜明的"松柔温和、不急不躁"的太极性格。

当初黎明说要写《太极拳文化概论》时，我曾经专门找他确认，到底要写的是《太极拳概论》还是《太极拳文化概论》，因为我以为我听错了或者是他说错了，我自以为是地觉得他要写的是《太极拳概论》。原因很简单，对他这样一个既有民间传承又受过大学科班训练的太极拳专家来说，写本《太极拳概论》不但没有难度而且会比一般的练习者要系统深刻很多，但要写《太极拳文化概论》，因为涉及的武术外的知识太多了，将会非常难以把握。然而他非常坚定地告诉我，他要写的是《太极拳文化概论》。从此，他的执着与勇气时不时地会对千里之外的我产生一些冲击。

　　黎明的这本《太极拳文化概论》，从文化到太极拳文化，从太极拳的套路、推手、功法、基础理论到太极拳的宗法传统与核心价值，从太极拳形成的地理环境与历史背景到太极拳的创始及其文化特色，从太极拳各流派的形成与特点到其发展的时代背景，从太极拳与中医的关系到太极拳的哲学渊源，以及太极拳在当今社会发展中所面临的机遇与挑战，等等，无不是他感情、热情、体验与心血的充分凝聚。我不敢保证这本书中的所有理论都是最系统的，所有思想都是最深刻的，但是我觉得这本书是值得阅读与保存的，原因很简单，这本书是黎明真正用心写的。

　　就我对黎明的了解与感觉而言，我觉得他对太极拳文化的系统研究或许刚刚开始，而且会越做越好。但愿我的判断不会出错，但愿黎明能为太极拳的文化建设与文化传播做出更大的贡献。

| 目 录

导论 / 1

第一章　太极拳文化的含义 / 7

　　第一节　文化 / 8

　　第二节　太极拳文化 / 15

第二章　太极拳文化的内容 / 19

　　第一节　太极拳套路 / 20

　　第二节　太极拳推手 / 34

　　第三节　太极拳功法 / 44

　　第四节　太极拳基础理论 / 49

　　第五节　太极拳的宗法传统与核心价值 / 60

第三章　太极拳的形成与发展 / 66

　　第一节　太极拳形成的地理环境 / 67

第二节　太极拳形成的历史背景 / 70

第三节　陈王廷始创太极拳 / 73

第四节　陈式太极拳的文化特色 / 78

第五节　太极拳其他流派的形成与特点 / 81

第六节　太极拳的发展历程 / 87

第四章　太极拳与传统医学 / 100

第一节　中国传统医学的核心内容 / 101

第二节　中医养生理论对太极拳健身的指导 / 103

第三节　太极拳与中医阴阳虚实的契合 / 106

第四节　中医理论在太极拳中的应用 / 108

第五节　人体经络气血运行对太极拳演练的影响 / 111

第五章　太极拳与传统哲学 / 114

第一节　《易经》对太极拳的影响 / 115

第二节　道家哲学对太极拳的影响 / 146

第三节　儒家思想对太极拳的影响 / 150

结语 / 156

附录　26 式太极拳套路述要 / 174

　　第一节　26 式太极拳拳法图解说明 / 174

　　第二节　26 式太极拳动作要求 / 175

　　第三节　26 式太极拳动作名称 / 178

　　第四节　26 式太极拳套路图解 / 178

参考文献 / 217

后记 / 221

导 论

在源远流长的中国传统文化长河中，时不时澎湃出几朵夺目的浪花，太极拳就是其中的一朵。它不仅具有深厚的哲学思想、系统的技击理论、完整的训练体系和神奇的健身效果，还与多种文化形态如中医、宗教、军事、武术及心理、舞蹈、审美等都有密切的联系。太极拳文化属于中国传统文化系统中的一个分支，属于中国传统武术文化的一个子系统。因此，深入理解和把握太极拳文化可以帮助我们更加全面地认识中国传统文化和中国传统武术文化的精神内涵。同时，也只有把太极拳文化置于整个中国传统文化以及传统武术文化的大背景中，才能对太极拳文化有一个深入而全面的认识和理解。

一、太极拳文化概述

全世界太极拳练习者数以亿计，涵盖不同地域、不同种族和不同职业。近年来，呈现越来越流行的趋势。但是，当你向大众练习者提问："你为什么练习太极拳？"大多数人都会回答："太极拳能强身健体。""太极拳能四两拨千斤。""太极拳代表了中国传统文化。"如果追问："太极拳为什么能强身健体？""怎样四两拨千斤？""它代表了哪些中国传统文化？"他们又都回答不上来，或者回答得差强人意。我们不能苛求这些大众练习者，更没有资格去责怪这些太极拳的忠实粉丝，如果没有他们的积极参与和广泛传播,就没有太极拳现在的辉煌成就。那么,造成这种现象的原因是什么呢?笔者认为,最主要的一条就是"重器轻道",即注重技术传承而轻视文化传播。因为技术是外显的(看得见,摸得着,短期就能见成效),文化却是内隐的(看不见,摸不着,需要长期体悟)。内隐的文化需要外显的技术展现才能经久不衰,外显的技术需要内隐的文化营养才能枝繁叶茂。只有内隐的精神文化形态与外显的物质文化形态紧密结合,才能构成太极拳完整的文化形态。因此,如何让太极拳练习者在掌握技术的同时,还能体悟到太极拳所内隐的传统文化精神、太极精神,太极拳各流派的掌门人和代表性传承人责无旁贷。"拳以载道",如果练习者不知道太极拳承载的是什么"道",要沿着什么样的道路前进,就很难保证其不会偏离社会发展的轨道而走上"邪门歪道"!

太极拳文化的形成与发展不是一蹴而就的,它是在太极拳社会化的过程中形成的。历史上,太极拳曾有过不同的别称,其含义也不尽相同,如柔拳、绵拳、十三势等,近代也有人称其为国术、太极功夫、哲拳等,而太极拳这个名称被正式确定并普遍使用应该是《太极拳论》出现以后的事。从文化发生学的观点来看,绵拳、柔拳显示了太极拳这一新生拳种早期区别于其他拳种的形态特征;十三势则反映了人们对这一新拳种认识的逐步深入;而国术、太极功夫、哲拳则是太极拳的知识结构和社会价值被社会普遍认同后,人们对这项新的运动方式的定义,其中饱含着人们对中国传统文化的深厚情感,也显示了这种新的文化形态的社会化进程。由此不难看出,太极拳的社会化过程也是太极拳文化的形成过程。

我们不能以物态的文化形态来审视太极拳,更不能以纯精神的文化形态来参悟太极拳,太极拳文化既不属于那种物态化或制度化的文化,亦不属于那种纯精神理念的文化,它是一种技艺和观念完美融合的文化形态。既然太极拳文化是以太极拳为核心概念构建的文化形态,就有必要对"太极"与"拳"这两个概念作一下解读。

"太极"是中国古代哲学用以说明世界本原的概念，指的是宇宙中阴阳尚未分化的最初形态。"太极"一词，出于《庄子》："在太极之先而不为高，在六极之下而不为深，先天地生而不为久，长于上古而不为老。"《易传·系辞上》说："易有太极，是生两仪，两仪生四象，四象生八卦。"太，即大；极，指尽头、极点。物极则变，变则化，所以变化之源是太极。

后世先哲对"太极"也多有注解，如韩康伯说："太极者，无称之称。"孔颖达说："太极……即是太初太一也。"朱熹说："太极者，理也。"各家注解虽不相同，但都以太极为天地人物的本体。此体蕴含无穷的形象与无尽的功用，阴阳、五行和八卦尽在其中，形成了中国传统文化的源头和思维起点。

在中国传统武术的语汇中，"拳"是一种具有规律性、操作性和实践性的武术拳种的统称，是人适应社会发展、生活需要，提高生存本领的技能、技术和方法。如少林拳、八极拳、苌家拳以及门类众多的象形拳等。虽然这种技能、技术和方法与当今的传统健身养生技艺（五禽戏、八段锦、易筋经等）以及众多的体育运动项目相比，就其对人的功能与作用来讲并没有本质上的差别，都是人类为了生存，适应社会和自身发展需要创造的某项技能。但是，由这种技能和技术构成的"拳"一旦与"太极"结合并以"太极拳"命名，实已超越了作为技能和技术的拳之本身，使这种轻灵的肢体操作之法有了灵魂，有了生命，"太极"也不再是一个抽象的观念和思想，而是一个具象的状态和存在。拳以太极名，足以显示其独特的作用与机理、功能与价值。《太极拳释名》曰：

太极拳，一名长拳，又名十三势。长拳者，如长江大海，滔滔不绝也；十三势者，分掤、捋、挤、按、采、挒、肘、靠、进、退、顾、盼、定也。掤、捋、挤、按，即坎、离、震、兑四正方也。采、挒、肘、靠，即乾、坤、艮、巽四斜角也。此八卦也。进步、退步、左顾、右盼、中定，即金、木、水、火、土也。此五行也。合而言之曰十三势。是技也，一着一势，均不外乎阴阳，故又名太极拳。①

　　由此可知，太极拳先贤对太极拳命名的依据实则是对太极观及其内容的比附，这种比附关系使得后世学者"以易理说拳理"，构建起了太极拳的知识结构和理论体系，成就了太极拳"国术""哲拳"的美誉和在传统武术拳种中无可撼动的地位。在这里，太极是体，拳是用，所谓"体用一源"，这源便是人，体用统一于人，体用同出于人。

　　如果说传统武术的技术要素构成了太极拳的躯体，那么，中国传统文化中的太极观则赋予了太极拳思想和灵魂。同时，大家必须明白，太极拳作为一门技艺，一门可操作的身体运动形式，不是要创造出有形的物质产品供需要者使用，而是要塑造我们精神的宿主——身体，让它保持整洁和清静，为我们的灵魂营造一个洁净居所。就如劳累了一天回到家里，温馨整洁的环境能让人心情舒适一样。

　　如果我们仅仅将太极拳文化视为一种技能、技术和方法，则远不能反映其本质及现状，这既不利于真正认识和理解太极拳文化，对太极拳文化进行深入的探讨和研究，也解决不了现阶段太极拳产业化发展过程中出现的诸多问题。近年来，随着商业资本进军健康产业领域，太极拳产业化的现象已随处可见，太极拳在市场经济洪流中被"商品化"的趋势也愈发突出。急功近利的流水线作业已经对太极拳的有序传承产生了不利影响，神功绝技的网络炒作更对其健康发展构成了潜在威胁，数以亿计的练习人群也掩盖不了这项人类非物质文化遗产面临的微妙处境。

　　我们不能把太极拳当成包治百病的灵丹妙药和天下无敌的神功绝技，更不能把太极拳运动中用现代科学暂时不能解释的现象神秘化和玄学化，这是对太极拳观念系统和训练体系的误读和曲解，也是太极拳基础理论研究和科学指导长期滞后于实践的结果。

---

① 唐豪、顾留馨：《太极拳研究》，人民体育出版社，1996，第122-123页。

二、学习太极拳文化的意义和方法

（一）学习太极拳文化的意义

中国传统文化有着独特的魅力和广泛深刻的内容，学习太极拳文化有助于我们更加准确地认识和了解中国传统文化的结构、内容和精神；有助于增强我们的文化自信和文化认同，提高国家的文化软实力，提高民族自豪感和自信心；有助于我们理性定位太极拳，客观评价太极拳，科学练习太极拳，促进太极拳的有序传承和健康发展；有助于开阔练习者的文化视野，提高其文化素养和精神境界；有助于我们以理性态度和务实精神去继承传统，用科学的实验和数据揭示太极拳的奥妙，创造中华民族更加美好的未来。

（二）学习太极拳文化的方法

1. 历史梳理与逻辑分析相结合

历史梳理就是对太极拳各个流派形成的历史背景和传承有基本了解，对太极拳不同流派在不同发展阶段的功能和作用进行辨析。同时对太极拳文化的内容和结构进行逻辑分析和归纳整合。

2. 典籍研习和亲身体悟相结合

研习太极拳的优秀典籍是学习太极拳文化必不可少的方法。更为重要的是理论联系实际，把太极拳先贤的经典言论与练习实践相互印证，从实践中来到实践中去，明辨是非，去伪存真。学习太极拳文化必须亲身体悟太极拳，用身体去演绎太极拳的动作技术，用心去领悟太极拳动作背后的真实意蕴，并把这种体悟运用到生活的各个方面，做到身心一源，体用一致。

3. 批判继承与开拓创新相结合

学习太极拳文化，一方面要继承和发扬中国优秀传统文化，另一方面还要根据时代的需要，勇敢摒弃太极拳文化中的消极因素，提炼和发扬符合时代要求的积极因素。同时，从筋膜学、心理学、生理学、人体解剖学、运动生物力学和中医学等多角度科学阐释太极拳的运动机制，提高对太极拳运动的科学解释力，消除唯经验论和神化效应的影响。另外，对太极拳传承中的问题，不能一味迁就，更不能一棍子打死，要有足够的耐心让太极拳回归科学，回归理性。

第一章
太极拳文化的含义

近年来，文化研究方兴未艾。特别是对中国优秀传统文化的研究和传承，更成为我国文化发展的国家战略。新时代，我国优秀传统文化如何与快速发展的经济社会相适应？如何与人民对美好生活的向往相适应？这是我们弘扬优秀传统文化，提高文化软实力，实现中华民族文化认同和文化自信需要解决的首要问题。太极拳作为国家倡导的全民健康运动项目，理应担负起弘扬中国优秀传统文化的历史责任。

太极拳是中国传统武术与太极观相融合的产物，传统武术的技击术和训练方法构成了太极拳的躯体，传统文化的太极观和思维方式形成了太极拳的思想和灵魂。不仅如此，太极拳还吸收了中国传统文化中儒家的伦理道德，道家的贵生思想、养生方法，中医的阴阳对应观，兵家的战略战术等内容。特别是太极拳产生初期，作为官学体系的宋明理学，为太极拳知识结构的形成产生了重要影响。宋明理学是中国历史上第一次对天、地、人以及它们相互关系进行"量化"阐释的入世哲学。它不仅给天、地、人制定了有法可依的"标准"，使它们有了各自相对独立且相互对应的关系，还建立了一整套上至国家、下到黎民百姓的行为模式和道德规范。在"修齐治平"传统儒家思想的影响下，"为天地立心，为生民立命，为往圣继绝学，为万世开太平"的使命感更突出表现了宋儒胸怀天下、心系苍生的宏大抱负和坚定信念。宋儒的"援道入儒"，打破了中国传统哲学"重道轻器"的思想禁锢,开启了"道器并用"的新时代,周敦颐的《太极图说》为太极拳构建自己的知识结构和理论体系产生了直接影响。

文化是人类精神历程的体现,也是一个生生不息的自我革新过程,其最主要的特征是适应性、包容性和创造性。一种优秀文化形态的传承与留存,必然要经过时间的洗礼才能深入主流社会的血脉,成为全社会甚至全人类共同的思想基因,历久弥坚而熠熠生辉。太极拳从产生到现在已经数百年了,面对日新月异的发展形势,显然,太极拳还没有跟上时代的节奏,更没有充分发挥其包容性、创造性。

在这样的大背景下,系统研究太极拳文化的内容、结构和功能,科学解释太极拳的技术原理,理性分析太极拳的思想成因,客观评价太极拳的健身和技击作用,有助于我们客观认识、理解太极拳的社会价值,让太极拳文化在新时代充分发挥自身价值,促进个人、社会和国家的不断发展。

为什么说太极拳是中国传统文化的优秀代表?它又代表了哪些中国传统文化?为了弄清楚这些问题,我们有必要在论述太极拳文化之前,对文化做一个简单的说明。

第一节　文化

一、文化的含义

在中国传统文化里,"文"的本义是指各色交错的纹理。在此基础上,"文"又有许多引申意义。其中,"文字""文章""文明"与现在人们理解的"文化"一词的意义最为接近。

"化"主要指事物动态变化的过程。本意有三：一是变化，二是生化，三是造化。《易传·象上》曰："观乎天文，以察时变；观乎人文，以化成天下。"这是"文"与"化"最早并联使用的记录。这里的"天文"指的是天道运行的自然规律，"人文"指的是纵横交错的社会关系、人伦规范和风土民情等。"天文""人文"大致相当于我们今天所说的自然科学和社会科学。真正使"文""化"联用的是西汉刘向，他在《说苑》中说："圣人之治天下也，先文德而后武力。凡武之兴，为不服也，文化不改，然后加诛。夫下愚不移，纯德之所不能化，然后武力加焉。"此处的"文化"一词是与"武力"相对，指以文德教化天下，这里面既有政治主张，又有伦理意义。

1871年，英国人类学家泰勒在《原始文化》一书中对"文化"作了系统阐释："文化或文明是一个复杂的整体，它包括知识、信仰、艺术、道德、法律、习俗以及作为社会成员的人所具有的其它一切能力和习惯。"泰勒强调了文化作为一个精神文化的综合整体的基本含义，对后世产生了重要影响。

对文化概念进行了详细考察和整理的还有美国文化学者克罗伯和克拉克洪，他们于1952年出版了《文化——有关概念和定义的回顾》一书，对西方当时搜集到的160多个关于文化的定义做了梳理与分析后指出：文化既是人类行为的产物，又是决定人类行为的某种要素。

据当今学者的不完全统计，在中国自五四运动至今，关于文化的定义就有260多条，其数量之多，已经达到难以精确统计的地步。这本书里，我们采用冯天瑜先生的观点："文化是人与自然、主体和客体在实践中的对立统一物。"这里的主体是人，客体是自然。所谓的自然不仅指人自身之外的自然界，也包括人类本能以及各种属性在内的自然性。人类创造了文化，同样文化也创造了人类自身。

简言之，自然的人化，也即人化自然是文化的本质，即文化是自然人化的过程与结果。文化的核心是人。如河流中的一块卵石不能称之为文化，但是如果这块卵石被人拿回家摆上书架，它就成了文化。自然包括两个部分，人之外的自然（外在自然，无机身体）、人自身的自然（内在自然，有机身体）。自然的人化包括两个部分，向外就是"无机身体"的人化，向内就是"有机身体"的人化。一方面是指人类对外在自然的改造，另一方面是指人类对自身的改造，即人的感觉的文化或者人的素质的文明化。

通俗来讲，生活包括文化，文化是生活的组成部分和构成体系。离开生活谈论文化，就会空洞而无根据，理解生活方可认知文化。生活形成文化，文化演绎生活。生活的实质是文化，文化的本质是生活。

二、文化的结构与分类

（一）抽象结构

1. 广义文化

广义概念上的文化泛指人类所创造的一切文明成果，即人类在生存、繁衍、发展和社会实践的历程中所创造的物质财富和精神财富的总和。它是人类在实践活动中创造的各种形态的事物所组成的有机复合体。

2. 狭义文化

狭义概念上的文化指人类所创造的一切观念意识形态成果（即政治、法律、知识、信仰、艺术、道德等），是人类精神文明的组成部分。在汉语体系中，文化就是"以文教化"。在一般平民心目中，文化泛指一般的文化知识尤其是语言文字知识，说某人有文化是指其有一定的知识。

把文化区分为广义与狭义，是由于研究者们所从事的不同学科和课题的需要。在此基础上，文化研究者们又往往根据各自不同的视角，对文化结构进一步分类。例如，从时间角度上分为原始文化、古代文化、近代文化、现代文化等，从空间角度上分为东方文化、西方文化、海洋文化、大陆文化等，从社会层面上分为贵族文化、平民文化、官方文化、民间文化、主流文化、边缘文化等，从经济形态方面分为牧猎文化、渔盐文化、农业文化、工业文化、商业文化等，从社会功用上分为礼仪文化、制度文化、服饰文化、校园文化、企业文化等。如此等等，不一而足。

（二）具象结构

文化体系的构成从文化形态学的角度来看分为五层。

1. 物态文化

物态文化相当于物质文化，表现为物体形态，它是人的物质生产活动及其劳动产品的总和，属实体文化，如服饰文化、饮食文化、建筑艺术文化等。物态文化以满足人类最基本的衣食住行等方面的生存需要为目标，反映社会生产力的发展水平，反映人类对自然的认识、利用和改造的程度与结果。

2. 非物质文化

非物质文化指各种以非物质形态存在的与人们生活密切相关、世代相承的传统文化表现形式，包括口述历史、传统表演艺术、传统手工艺技能等，以及与上述传统文化表现形式相关的文化空间。非物质文化因其形态的不确定性和功能的局限性极易随着历史的发展和社会的进步而被其他文化形态所代替。因此，保护这种代代相传的非物质文化遗产并不断进行创新，才能保持其生命力和创造力。

3. 制度文化

制度文化指人类在社会活动中所建立的各种社会规范的总和。它规定人们必须遵循的制度，反映一系列的处理人与人相互关系的准则，如家族制度、婚姻制度、官吏制度、经济制度、政治法律制度等。

4. 行为文化

行为文化是人类在长期的社会实践和复杂的人际关系中约定俗成的

礼仪、民俗等,即行为模式,见于日常生活中,具有鲜明的民族特征和地域特性。

5.心态文化

心态文化又称精神文化,是人类在长期的社会实践活动和意识形态活动中升华出来的价值观念、审美情趣、思维方式、心理活动等。这是文化的核心。心态文化大致相当于通常所说的社会意识,可以再细分为社会心理和社会意识形态。社会心理是暂时的,有流动性和变化性,如要求、愿望、情绪、风尚。社会意识形态则是指经过社会科学家系统加工过的社会意识,并且经过物化形态,如书籍、绘画、书法、雕塑等固定下来,传播开去。

三、文化的功能

文化的功能是指文化系统在人们的社会生活实践中,能适应和满足个人和社会多种需要的作用。文化的功能是巨大的,主要表现在以下几个方面。

(一)记录功能

文化的记录功能即文化作为一种复杂的符号系统,具有保存和记载人类各种活动的功能。语言和文字是文化的主要载体。在文字没有出现之前,人们就通过口头语言,将经验、知识、生活习俗、历史传统等世代相传。文字出现后,特别是造纸术和印刷术的出现,极大地提升了文化的记录功能。中国的甲骨文、巴比伦的楔形文字等,都为后人记录了早期人类社会实践,让后世子孙领略了远古先民的智慧和能力。中国古代浩如烟海的史书典籍、文艺作品、科学论著等无不显示出文化的超强记录功能。

人类正是凭借文化的记录功能,不断积累知识经验,在前人的基础上,持续开拓更深广的认知领域,创造出更加灿烂的新文化。

（二）认知功能

文化的认知功能就是人类把世代积累的社会经验以一种潜在的惯性力量引领人对自身、社会以及世界进行思考，并对获取的信息进行选择、加工和理解，形成本民族特定的理解力和行为方式。一个人从呱呱坠地，对世事一无所知，到博学多才，成为社会的有用之才，无不是学习和继承过去的文化，并通过文化认知历史和社会的结果。

在漫长的岁月中形成的文化习俗、文化传统、文化氛围，潜移默化而又深远持久地影响着人们，使人们形成自己的思维方式和思维习惯。这些思维方式和思维习惯具有相对稳定性，为一代代的人们认识世界提供材料和工具。同时，思维方式和思维习惯又是不断完善和发展的，引导人们去认知不断发展变化的客观世界。

文化是历史的镜子，让人们看到人类的昨天，思考人类的今天并探索其明天，帮助人们结合新的实践，不断丰富拓展对自然、社会和自身的认识。

（三）传播功能

文化的传播功能就是人类在生活中传递思想感情、宗教信仰、价值观念、科学技术知识以及文学艺术等文化信息。文化的传播功能与文化的记录功能、认知功能紧密相连，并把文明的火种撒向四面八方。

传播和交流是文化发展的基本动力，语言和文字是文化传播的重要载体。如果没有文化传播，没有不同文化间的交流互鉴，任何文化都不会永葆生机和活力，最后都将随着时空的转变而消亡。

（四）教化功能

文化的教化功能主要表现在对于文化传播的受众进行影响、感化和教育，使其逐渐适应和接受该文化的核心内容，遵守并符合该文化的道德标准、价值观等核心要求。人是文化的创造者，又是文化的传承者，教化人、塑造人是文化的根本功能。人就是在文化的影响、教化中自我完善，实现自己的社会价值的。因此，也可以说文化是无形的学校。

每个人从降生那一刻起就生活在一定的文化之中。随后，家庭、学校、社会就成为一个人从自然人到社会人的加油站，人们接受各种知识、艺术、思维方式、道德伦理、法律规章、风俗习惯、礼仪礼节的熏陶和教育，成为对社会有用的人，并按照社会的价值取向来思想和行动。

（五）凝聚功能

文化的凝聚功能是教化功能的延伸，主要是指在同质文化领域，相同文化的核心观念对一个民族或种族起到向心力的作用。这种向心力可以促进该社会群体的发展、进步与稳定。

文化的凝聚功能可使一个社会群体中的人们，在同一文化环境中得到教化，为他们的思维方式、价值观念涂上相同的底色，形成稳定的民族认同而紧紧团结在一起，产生巨大的认同力量，维系民族的生生不息。

（六）调控功能

文化的调控功能主要是对文化受众群体原有的观念系统进行调节和控制，使其符合时代的特征和社会主流文化的核心要求。

社会是人的社会，而每个人的世界观、人生观和价值观不尽相同，因而始终存在着人与自然、人与社会、人与人之间的矛盾。如果这些矛盾不能及时得到妥善解决，社会生活就会陷入无序状态。因此，为了保障社会生活的有序进行和人类的生存发展，所有社会成员必须遵守一定的社会规范，这种社会规范包括道德、礼仪、习俗、规则、纪律、法律、制度等，以此来调节人们的行为方式和行为习惯，使社会有序、和谐、可持续发展。

第二节　太极拳文化

在源远流长的中国传统文化长河中，中国传统武术是其中一朵美丽的浪花；在中国传统武术文化的百花园中，太极拳也只是独具芬芳的奇花一朵。但太极拳作为中国传统文化和中国武术文化共同哺育成长的骄子，既保留了它们最优秀的基因序列，又遗留了一些不羁本色。我们不能把太极拳独立于中国传统武术文化之外，更不能把太极拳与中国传统文化割裂开来。太极拳作为中国传统文化的一分子，不是一些动作、技术和方法的简单组合，也不是某种神秘莫测的玄学。它是中国传统文化的积淀、保存和延续，也是传统武术文化与养生思想、方法的融合、创新和发展。因此，我们必须将太极拳视为一种文化系统，一种具有完整内在层次和构造、表现出特定功能并服从和实现着某种价值的系统结构。当我们把太极拳视为这样一个文化系统来加以研究和探讨时，便可称之为太极拳文化。

因此，所谓太极拳文化，在本质上既是研究对象，又是研究方法，而这种研究对象和研究方法又统统服务于人。人既是太极拳动作、招式、套路和功法的演练者，也是太极拳价值的实现者。我们所要关注的，并非太极拳史或太极拳理论的一般性探究和考证，而是通过太极拳史和太极拳理论指导下的动作、招式、套路和训练方法，发掘其所蕴含的中国传统文化的正能量；是通过太极拳表现出来的思维模式和行为方式，以及其对太极拳爱好者人生观、世界观和价值观产生的积极影响，从而满足其实现某种社会价值的需要。因此，应将太极拳作为一个整体的文化系统来对待，而不能只将其作为某一类技术技能体系去研究。

从这一认识出发，我们将太极拳文化视为一个立体的文化系统，该系统表现出多层次的文化结构。它主要具有三个层面：最外层为太极拳的行为-器物层面，即所谓文化系统的显性样式，主要包括太极拳的套路动作和器物等；中层是相对隐性的制度层面，包括与太极拳行为直接相关的诸如规律、规则、礼仪、组织形式、传播方式、文化构造和成分、理论架构等；最内层主要是太极拳所内含和折射出来的深层文化心理结构，包括价值观念、思维方式、审美情趣、道德规范、宗法制度和民族性格等。太极拳文化系统这三个结构层面紧密相连，形成一个完整的文化有机体，这一有机体在长期历史发展过程中形成了自己的内在稳定机制和外部文化特征。太极拳的外在行为-器物层面具体表现为太极拳的动作、招式、套路、流派、器械、技能技术和训练方法等。可以说，一般的太极拳练习者主要就是通过自身的实践来习得、掌握、运用和发展太极拳的外显形式。所以，绝大多数的太极拳练习者也只是在技、艺、术的层次上进行实践和探索。

但是，作为一个完整的文化有机系统，太极拳的外在行为-器物层面还受深层次的文化内在因素和结构的支配与制约，亦即太极拳文化系统内在结构中第二层面和更深的第三层面的作用与影响。太极拳文化之所以具有区别于世界其他同类文化的独特形态，包括其外在的行为特点如慢练、松练以及圆运动的轨迹等，主要是由于它的内在文化结构层面所致，也就是上述第二结构层面和第三结构层面内在作用所致。这些内在文化结构决定了太极拳的外在形态特征和发展方向，而太极拳的外显行为和器物，包括动作、招式、套路、流派和器械样式等，都在一定程度上表现和体现着这种内在的文化特征和价值。如果我们对太极拳的探讨和研究仅仅停留在行为和器物层面上，而忽视太极拳的整体文化形态和内在文化结构，那么，我们就不可能真正全面地认识和理解太极拳。因此，本书主要关注和探索的并非太极拳的具体技术和拳脚招式，而是太极拳的整体文化形态和内在文化结构，是通过太极拳的技术和行为表现出来的文化特征和内涵，是决定太极拳产生、形成、发展和传播的历史文化诸因素及其关系，是太极拳本身在历史各个阶段和范畴内所表现和实现的文化功能和价值。

作为完整文化意义上的太极拳文化，大致应具备以下结构性特征和因素：其一，拳种、套路（包括器械）和流派形成；其二，太极拳的多种功能和价值在社会上得到认同和确定；其三，太极拳的文化架构（包括道德、观念、精神、理论等）基本完成。按此观点，太极拳作为一种整体意义上的文化形态，大致产生于明末清初，完成于民国，繁荣于改革开放以后。这样一个独立、完整的文化形态，即可称之为"太极拳文化形态"或"太极拳文化体系"，它是以太极拳自身的完善和被赋予优秀传统文化的一系列内涵为标志的。

太极拳文化基本上是一种以个体而非群体为行为主体的文化，是一种民间的和下层社会的带有自发性质的文化，是一种适应并产生于个体的、民间的、小规模、低烈度冲突形式的文化形态，并由此而发展出多种文化价值和功能，如强身健体、防身自卫、修身养性、表演娱乐、交谊等。就文化涵容性而言，太极拳文化几乎包涵了中国传统文化的各种成分和要素，中国古代的儒家、道家、佛教、中医、兵家等文化形态都对它有不同程度的影响和渗透。就太极拳的传播模式而言，它具有广泛的自由度，表现出极大的个人爱好和兴趣倾向。在民间，主要通过宗族、师徒、家庭武馆、太极拳武校等形式传播。在高校，特别是体育类院校，把太极拳作为民族传统体育的特色内容来传授。部分地区（如焦作市）的中小学为了突出地方特色，已经把太极拳纳入体育课的教学内容，并且纳入了中招体育的考试范围。就太极拳的技能技术而言，太极拳是内修性与外练性紧密结合的一种既具有高度理性精神又极富神秘意蕴的独特的文化。"宇宙大人体，人体小宇宙"是太极拳内修文化的核心，"由言入象、由象入意"是太极拳外练文化的根本，"由着熟而渐悟懂劲，由懂劲而阶及神明"是太极拳进阶的途径，从身心的和合到社会的和谐是太极拳文化的价值目标。太极拳就是把个体有限的生命融入宇宙整体的无限运行之中，并通过肢体特定动作的千万遍演练，使其符合宇宙间万物的运行规律来实现其社会价值的。所谓"观天之道，执天之行"即是此理。另外，太极拳的动作、招式、套路、器械和流派，也与非太极拳系的传统武术拳种在运动形式、技术风格和训练方法上存在着较为明显的差别。所以，太极拳是一种与其他武术拳种存在着差异的独立文化系统，我们将这种文化系统称为太极拳文化。

综上所述，所谓太极拳文化，不是仅指太极拳，也不是特指太极拳的某个流派，更不是特指太极拳的某个方面或层面，而是对太极拳以及与其有关的各种文化形态的统称。其内容应该包括太极拳的运动形式、流派、理论体系、训练体系、组织机构、服装器械、文艺作品等以太极拳为核心与代号的与太极拳直接相关的内容。

太极拳文化是中国传统文化的一个有机组成部分，是传统武术文化系统中的一个子系统。显然，它绝非一个孤立成长的封闭系统，始终受中国传统哲学、政治伦理、宗教思想、军事思想、文学艺术、中医理论及社会习俗等诸社会文化形态的深刻影响。中华民族独特的思维方式、行为方式、审美观念、心态模式、价值取向、人生观和宇宙观在太极拳文化形态中也都有所体现。

基于此，本书力求在更加广阔的背景下以全新的视角深入研究太极拳，寻找太极拳产生发展的规律和一脉相承的主线。为此，我们希望由微观入手准确把握太极拳文化的全貌，并试图从一些新的视角和方位来探索和丰富太极拳文化。

第二章
太极拳文化的内容

毋庸置疑，太极拳脱胎于中华传统武术，传统武术是太极拳的根，中华优秀传统文化是太极拳的魂。在长期的武术实践中，太极拳家通过经验总结、类比分析和理念升华，把道家的贵生思想、中医的养生理念等巧妙地纳入自己的运动体系，形成了具有技击、健身、养性、表演、娱乐等功能的运动体系。"拳起于易，理成于医"，《易经》的辩证思想和中医的养生理念，极大地丰富了太极拳的文化内涵，使其形成了多维的功能结构和多元的价值体系，同时也彰显了太极拳创立者的思维方式、功能定位、价值取向和审美情趣。随着太极拳技战术体系和训练体系的完善，太极拳的理论体系逐步完成，有关太极拳训练的经验总结以经典文论和理论著述的形式保存下来，并且在迭代发展中得到丰富和完善，最终形成独具特色的太极拳文化系统。

太极拳运动体系属于太极拳文化结构的行为-器物层面，包含套路运动、推手运动、功法运动三种形式，其中套路运动又包括徒手套路和器械套路。这三种运动形式层层递进，相辅相成，体用兼备，共同构成了太极拳完整的运动体系。从技术层面讲，套路运动是基础，推手运动是验证，功法运动是核心。套路是推手和功法的功能载体，推手是套路和功法的价值目标，功法是套路和推手的核心要素。套路不存，太极焉附；离开了推手，太极拳就成了太极操；没有了功法，太极拳就成了太极舞。

套路、推手和功法完美地构成了太极拳的运动体系，缺少任何一个方面，太极拳运动体系都是片面的和机械的。

第一节 太极拳套路

套路是太极拳运动的功能载体，动作是构成套路的基本元素。太极拳套路不是动作加动作的简单组合与堆砌，而是在传统武术思想和养生理念指导下精心编排的技术运动体系。不论是陈式太极拳还是其他流派的太极拳，从起势到收势的每一个动作的选择和构思，都映射出创编者的技术设计和功能定位，体现出太极拳先贤的人生智慧和价值追求。

一、太极拳传统套路的分类与特征

太极拳套路虽种类繁多，但各个流派的太极拳都呈现出大致相同的分类方法。以陈式太极拳为例，按照传承时间分类，有传统套路和新编套路；按照姿势结构分类，有大架、小架；按照技术特点分类，有老架、新架、一路、二路。其他流派的太极拳套路表现出与陈式太极拳基本相同的分类特征。如杨式太极拳有杨露禅初学的陈式原形架，其子杨班侯、杨健侯练的杨式大架以及其孙杨澄甫最后定型且流传至今的杨式定型架等。当然也有按规则要求创编的竞赛套路。

器械是肢体的延伸，主要有刀、枪、剑、棍、大刀与大杆等，太极拳器械套路则依据徒手套路的分类原则呈现出与其风格相近的特色。

六大流派的太极拳套路虽然种类繁多，但却有以下几个共同特征。

在传统套路的基础上，突出时代特征。如陈式太极拳42式、38式、26式、24式、18式、9式，杨式太极拳26式、24式、22式，武式太极拳13式，吴式太极拳16式、18式、28式，孙式太极拳35式，和式太极拳 18 式、26 式，等等，都是为了满足社会需要，便于推广创编的，为不同年龄阶段和不同层次的练习者提供选择。

在传统套路的基础上，突出技法特点。如陈式太极拳小架、杨式太极拳原形架、和式太极拳三合一拳架都重点突出了太极拳对身法的整体要求和技术特点，陈式太极拳新架则重点体现了太极拳的缠法，杨式太极拳定型架则突出了其舒展大方的形体特征。

在传统套路的基础上，突出演练特点。如陈式太极拳二路炮捶，刚多柔少，蹿蹦跳跃，腾挪闪战，保留了太极拳创立之初动作演化的痕迹；和式太极拳则保留了其三合一拳的特色，即套路、推手、散手三合为一，套路动作怎么练，推手和散手就怎么用。

按照竞赛规则的要求，体现标准化。如新编陈式 56 式、杨式 40 式、武式 46 式、孙式 73 式、吴式 43 式、和式 58 式等竞赛套路是为了与国际竞赛体制接轨，按照竞赛规则要求创编的标准化套路，体现出新时代太极拳国际化的发展趋势。

二、太极拳传统套路的构成要素与功能定位

动作是构成太极拳套路的基本要素。从技术角度分析，太极拳传统套路是由单个动作组合在一起形成的，或者说是由一连串的组合动作串联在一起构成的。如何把这些动作或组合动作合理地编排成套路是要付出一番心血和努力的。因此，一个流派太极拳传统套路的形成往往需要几代人的修订和完善，一旦完成，便具有稳定性和经典性的特征。如杨式太极拳传统套路历经杨露禅祖孙三代，最后由杨澄甫定型完成。对比太极拳六大流派的动作数量发现，陈式太极拳传统套路由 74 个动作编排而成，杨式、武式、吴式、孙式、和式太极拳分别由 85 个、108 个、84 个、96 个、72 个动作组成。

虽然各个流派的传统套路动作多寡不一，但除去相同动作则基本相同，如陈式老架一路 74 个动作中除去重复动作共有 44 个动作，杨式、武

式、吴式、孙式、和式太极拳则分别有 38 个、38 个、40 个、38 个、44 个动作。以陈式太极拳为例，按照动作在套路中出现的频次排序，依次为单鞭 7 次，六封四闭 6 次，金刚捣碓、掩手肱拳、斜行各 4 次，白鹤亮翅、云手各 3 次，懒扎衣、搂膝、拗步、倒卷肱、高探马、闪通背各 2 次，撇身捶、青龙出水、双推手、肘底看拳、右擦脚、左擦脚、左蹬一跟、前蹬拗步、击地捶、踢二起、护心拳、旋风脚、右蹬一跟、小擒打、抱头推山、前招、后招、野马分鬃、玉女穿梭、摆脚跌岔、金鸡独立、十字脚、指裆捶、猿猴献果、雀地龙、上步七星、下步跨虎、双摆莲、当头炮各 1 次，加上起势和收势，共 74 个动作。

太极拳的动作名称体现着太极拳创立者对中国传统文化的深刻理解和武术实践经验的巧妙运用，体现着"观天之道，执天之行"的艺术创造和境界追求。以陈式太极拳动作为例，属于描述意象的动作有掩手肱拳、斜行、懒扎衣、搂膝、拗步、倒卷肱、撇身捶、双推手、肘底看拳、右擦脚、左擦脚、左蹬一跟、前蹬拗步、击地捶、踢二起、护心拳、右蹬一跟、抱头推山、前招、后招、摆脚跌岔、十字脚、指裆捶等 23 个；属于比喻意象的动作有六封四闭、金刚捣碓、单鞭、白鹤亮翅、云手、高探马、闪通背、青龙出水、旋风脚、小擒打、野马分鬃、玉女穿梭、金鸡独立、猿猴献果、雀地龙、上步七星、下步跨虎、双摆莲、当头炮等 19 个。其他流派传统太极拳套路动作也依据大致相同的标准呈现。这些动作有机组合，共同构成了不同流派太极拳的传统套路。

从运动健身的角度分析，传统太极拳动作基本涵盖了人体所有维度的锻炼方法。如锻炼上肢的动作有掩手肱拳、双推手、抱头推山、前招、后招、指裆捶、单鞭等；锻炼下肢的动作有右擦脚、左擦脚、左蹬一跟、踢二起、右蹬一跟、摆脚跌岔、十字脚、雀地龙等；上下肢配合的训练动作有斜行、搂膝、拗步、倒卷肱、前蹬拗步、野马分鬃、玉女穿梭、金鸡独立、猿猴献果等；锻炼躯干的动作如闪通背、撇身捶、当头炮等；还有对视觉、听觉、触觉和心理等方面的特殊锻炼方法和具体要求，符合运动健身的体育属性。

从技术运用的角度分析，太极拳的每一个动作都保留了其作为技击术的功能，以至于起势和收势都包含着技击的要素。在传统太极拳的基本动作中，描述意象动作很好地保留了武术前辈在长期武术实践过程中肢体技术运用过程的记录，后学者通过动作名称就可以在脑海中形成这个动作的实践场景，如肘底看拳、摆脚跌岔、护心拳等。比喻意象动作则充分显示了先民向万物学习模仿，取长补短，以提高其技战术水平的认知方式和思维方式，如金刚捣碓、玉女穿梭、白鹤亮翅、野马分鬃、上步七星等。太极拳动作名称不仅通过比喻再现了竞技双方对阵的场景，还通过场景预设表现双方实力、意志和气势的消长，体现了太极拳先贤对"万物与我为一"思想境界追求和艺术再造，对练习者的技术运用和心灵感悟都有正面影响。

从文化的角度思考，象形取意是太极拳创立者用形体动作再现格斗场景的艺术创作过程。世间万物，无论大小都有其存在的价值和独特的生存本领。人作为万物之灵，仰观俯察，通过模仿这些动物的特殊技能来指导自己的社会实践，积累生活经验，实现自己的社会价值，推动社会文明的进步。这些经验被后世不断总结、丰富和再创造，就得以融入现实生活的方方面面，满足对己对人的物质和精神需要。就像汉字，虽然有象形、会意、形声之分，有楷书、行书、草书之别，但作为记录人的情感、思想、言行和重大事件的载体工具，其作用并没有多大区别，只是人使用和观察的角度不同而已。同样，由不同动作串联而成的太极拳套路，就像由汉字书写的一篇文章，只有细心推敲，深刻领悟，才能在历史的长河中与武术先贤进行思想沟通，才能准确把握练习的正确方向。太极拳套路就像一首美妙的诗、一幅流动的画、一曲动听的音乐，陶冶练习者的情操，抚慰练习者的心灵，提高练习者的思想境界。当然了，创作美妙的诗、流动的画和动听的音乐，其过程也是艰辛和痛苦的，甚至需要灵感的眷顾。所以，练好太极拳也不是一件容易的事情，需要正确的方法、有效的途径和艰苦的努力,甚至必要的体悟。

因此,太极拳动作名称在认识层面更多地表现为意象思维,这不仅体现了太极拳创立者的知识水平和文化修养,也体现了创立者知行合一的创造本领。只有从太极拳实践中去"会意""体悟",找到动作的"真意",才能理解太极拳,领悟太极拳,享受太极拳。

我们从太极拳套路的构成要素——动作出发,具体分析了太极拳动作的体育属性、技击属性和文化属性。体育属性使太极拳具有了强身健体的功能,技击属性使太极拳具有了防身自卫的功能,文化属性使太极拳具有了教育和修身养性的功能。这些功能完美地集中于太极拳一身,使太极拳的社会价值得以集中展现。当然,太极拳各个功能的地位不是一成不变的,而是随着时代的发展此消彼长。在不同的社会背景和时代要求下,其功能会伴随着人的具体需求而有所侧重。如动乱年代,民不聊生,生存环境恶化,人们为了生存,太极拳的技击功能就会得到发展。反之,社会稳定,人民安居乐业,其文化属性就会彰显。

三、太极拳传统套路的练习方法

练习太极拳是从掌握套路动作开始的。《太极拳论》明确指出:"由着熟而渐悟懂劲,由懂劲而阶及神明。然非用力之久,不能豁然贯通焉!"由此可知,着熟是懂劲和神明的先决条件和必由之路,也是懂劲与神明的阶段性目标,只有对每一着、每一势动作都熟练掌握了,才能自然过渡到更高层次的懂劲和神明阶段。从技术层面讲,太极拳本是八种手法和五种步法组合而成的拳术运动,称"十三势"。因与八卦五行相对应,所以也称"八法五步",其中掤、捋、挤、按、采、挒、肘、靠为八法,前进、后退、左顾、右盼、中定为五步,由此构成了太极拳套路动作的基本元素。熟练并正确掌握"八法五步"是练习太极拳套路运动的基础。从内在层面讲,不仅要熟练掌握"八法五步"技术,还要明白知觉运动赋予人的特殊本能。所谓"知觉运动"最直观的表达就是"由心知到身知",也就是经过千百次的动作演练形成的肌肉记忆和位置感知,一些传统太极拳家把它描述为"由象入意"或"以外带内"。太极拳《固有分明法》讲:"盖人生降之初,目能视,耳能听,鼻能闻,口能食。颜色、声音、香臭、五味,皆天然知觉固有之良;其手舞足蹈与四肢之能,皆天然运动之良……夫运而知,动而觉;不运不觉,不动不知。运极则为动,觉盛则为知。动知者易,运觉者难。先求自己知觉运动得之于身,自能知人;要先求知人,恐失于自己。不可不知此理也。夫而后懂劲然也。"[①]意思是说视、听、闻、食是人天生的知觉本能,手舞足蹈是人天生的运动本能,只有先通过运动提高自己身体的感知能力(知己),才能在交手时感知对手身体的变化(知人)。进一步讲,要想达到知觉运动,必须明白"沾连粘随",要想做到沾连粘随就不能"顶匾丢抗",既能做到沾连粘随,又不会出现顶匾丢抗,就可以达到懂劲的阶段了。

由此可知,太极拳着熟阶段不仅是练习者内外的统一,也是对手双方的统一。对于大多数太极拳爱好者来说,熟练进行套路演练已经不容易了,要想达到懂劲与神明阶段,必须付出更加艰苦的努力。

基本动作要领的正确掌握是太极拳套路练习的基础。以陈式太极拳老架一路为例,共有44个基本动作,每一个动作都有基本的形态、路线骨骼结构和技术要领,熟练并正确掌握每一个动作的形态结构和技术要领,必须由传授者手把手进行指导和讲述,这就是"口传身授"的真正原因。如果没有老师指导,练习者就会形成错误的动力定型,并在错误的道路上越走越远。就像汉字的书写过程,如果能正确并熟练掌握构成汉字的"点、横、竖、撇、捺、折"这些基本元素,汉字书写起来就不是困难的事情,写好一个汉字,只要注意它的运笔顺序和结构框架就可以了。同样,只有掌握了太极拳套路动作的"八法五步",才能正确掌握这个动作。

---

① 王宗岳等:《太极拳谱》,沈寿点校考译,人民体育出版社,1995,第116页。

身体骨骼结构的合理安排是太极拳套路练习的关键。太极拳练习者都知道立身中正、虚领顶劲、含胸拔背、沉肩坠肘、裹裆护臀的技术要求，但如何让身体的每一块肌肉感知到这些要求，并通过动作把这些要求表达出来，是需要练习者千百遍规范练习才能做到的。这是一个由心知到身知的蜕变过程，没有耐心、恒心和信心的人是无论如何体会不到的。另外，如果练习者仅凭想象或意会动作要领的字面意思就下功夫练习，也是会走弯路的，练习中往往做到了虚领顶劲却忘了裹裆护臀，注意了含胸拔背又忽略了沉肩坠肘，造成这种顾此失彼的根本原因就是没有老师的口传身授，没有调整好身体的骨骼结构，没有从整体上把握其要领。一种行之有效的简单做法就是"鸡鸣卷尾"，即像公鸡打鸣一样把脊柱拉直，就能同时满足立身中正、虚领顶劲、含胸拔背、沉肩坠肘、裹裆护臀的技术要求，这种"由象入意"的意象思维方法，广泛出现在太极拳套路的动作名称中，如白鹤亮翅、金鸡独立、上步七星等，体现了太极拳先贤创编太极拳套路的一大文化特色。

　　动作技击含义的正确领悟是太极拳套路练习的核心。太极拳作为传统武术的一个拳种，每一个动作都保留了较强的技击性，并且攻守兼备。如云手动作，进可攻退可守，进步云手可突出重围，退步云手可上护咽喉下护裆。杨露禅能获得"杨无敌"的美誉，充分说明太极拳创立之初就具有强大的攻击力和技击性。动作技击含义的正确领悟和熟练掌握并不是想象出来的，需要在实践中总结和积累，这就要求练习者必须进行"试手"，只有在试手中体会沾连粘随避免顶匾丢抗，才能真正达到着熟。现在的太极拳演练套路，由于强调表演效果和视觉感受，已经很难从外在形态上分辨出每个动作的真实技击含义了。太极拳先贤把外显的技击术内隐于圆的运动之中，是主动为之还是迫于统治者的"禁武"压力，现在已经无从考证了，但是我们知道，正是这种运动观念和训练方法的变革创造了泽被后世的太极拳术。

　　套路动作的练习方法因人而异，一种近乎失传的训练方法就是单势训练法，即一个动作不完全掌握，就不允许进行下一个动作的学习；单个动作都掌握了，才能进行组合动作与全套动作的学习。这种训练方法对教与学的双方来说都是时间、精力和意志的考验，以至于古代那些成名的太极拳家的优秀传承人都屈指可数。这种训练方法虽然前期花费时间较长，但效果明显，后期学习时能事半功倍。

现在，太极拳教练员普遍采用的一种教授方法是集体训练法，即一个教练教授一群人，这种传承方法虽然效率高，但质量低。因此，寻找一位真正懂得太极拳，并无私传授训练方法的师傅就成为太极拳爱好者的首选。

当每一个动作都达到要求后，就要进行完整套路练习了。套路练习又称"盘架子"。架子就是每个动作的动作结构和运行路线，"盘"形象一点儿说就是"缠"。古代，农村妇女在织布之前要把棉花纺成线，再把线一圈一圈缠在一起，也就是盘在一起，这样，柔软的棉花就通过纺花机的"缠"变成坚韧的线，再由织布机织成功能各异的布匹。太极拳传统套路为什么要盘？盘什么？怎么盘？这是每一个太极拳教练员必须回答的问题。要回答这个问题，我们必须了解自己的身体结构，以及各个功能系统之间相互联系、相互作用、此消彼长的平衡关系。遗憾的是，受"身体发肤，受之父母，不敢毁伤"的传统孝道思想影响，中国古代没有形成类似西方现代医学的分科体系，人们对自身的了解并没有西方人体解剖学、运动生物力学那样讲解得直观、详细。也许正因为如此，中医辨证施治的整体观和经络理论为中国古代的武术家们提供了新的练功思路，他们在长期的武术实践中通过经验积累和练功体悟，摸索出一条以养促练的方法。这种方法独辟蹊径，通过发挥筋膜的整体功能克服了过度使用肌肉耗散体能的弊端，使武术技击和修身养性完美地结合起来，并且在实战中产生了神奇的效果。如《内功真经》的总论部分就说：

近来习此道者，忘其本之为一，而逐其末之不同，分门别户，捏造名色，往往自为誉曰："吾之术近路也。"不询其一以御万、简以御烦（繁）之道，茫然罔觉，何怪其临敌溃哉。夫宇宙之正道，原未有近路也，不过有本末先后耳。后此变化无方，皆前此循序渐进有以致之也，何有近路之可言哉？

然则所谓本者，何也？曰筋也。顺进可以制敌，退可以自守，往来上下，无不如意。松、小、背，不足以当敌，退不能自守，备多虚实，无非危机。由此言之，固要哉。然不知之纲领，不知之枢机，不知之归宿，虽有犹未尝也。①

筋膜训练产生的神奇作用被传统武术家运用到具体的练功实践并世代相传，可以说开启了传统武术养练结合的新时代，在传统武术发展过程中具有里程碑式的意义。虽然我们现在已经无从得知是哪一位武术家在什么时间因为什么灵感获得了这种训练方法，但是我们知道陈王廷把这种训练方法与家传武术相结合创造了泽被后世的太极拳。当然，我们从一些武术典籍的系统理论和技法体系中也能探究到这种方法确实存在。《易筋经》是我们每个中国人都听说过的一部武学典籍，在武侠小说和影视作品里被奉为圭臬，代表着中国传统武学的最高成就，其中《膜论》就讲：

气至则膜起，气行则膜张。能起能张，则膜与筋齐坚固矣……易筋以炼膜为先，炼膜以炼气为主。然此膜人多不识，不可为脂膜之膜，乃筋膜之膜也。脂膜腔中物也！筋膜骨外物也。筋则联络肢骸，膜则包贴骸骨。筋与膜较，膜软于筋，肉与膜较，膜劲于肉，膜居肉之内，骨之外，包骨衬肉之物也。其状若此，行此功者，必使气串于膜间，护其骨，壮其筋，合为一体，乃曰全功。②

骨、肉、筋、膜、气、意各自的结构和功能以及它们之间的相互关

---

① 何欣委：《妙谛传心：太极拳经秘谱汇宗》，人民体育出版社，2014，第64页。

② 项扬惠、吴德华、张鉴若等编《达摩洗髓易筋经——少林空悟禅师嫡传》，科学技术文献出版社重庆分社，1990，第7-8页。

系，在《易筋经》中已经有了比较客观的描述和介绍，而这种描述与介绍与传统中医的经络学说极其相似。

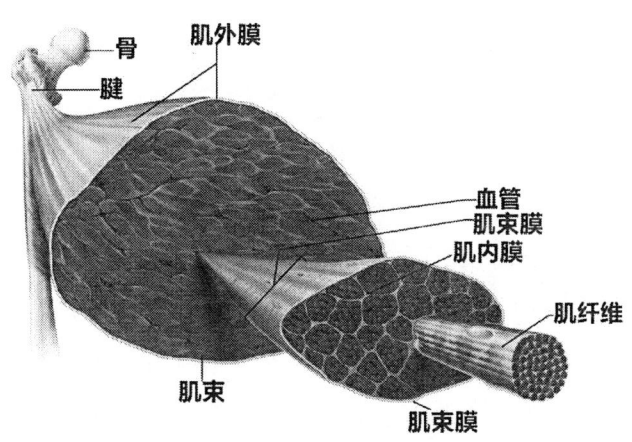

肌肉的筋膜结构

2007年第一届世界筋膜研究大会与2013年第一届"运动医学中的结缔组织"会议将筋膜定义为整体的胶原纤维结缔组织，是全身张力传递的网络基础。所有胶原纤维结缔组织都是筋膜，这些组织和胶原纤维的排列有不同的密度和方向。例如，浅筋膜的密度相对低，大多伸向多个方向或者有不规则的排列。然而，肌腱或韧带的纤维多数是单一方向的，密度更高。肌肉间的筋膜肌间隔、肌束膜、肌内膜表现为不同的方向和密度。内脏筋膜也多种多样，例如柔软的腹部大网膜和坚硬的心包膜。根据局部的负荷，筋膜表现为单一方向、网格状、多方向的不同排列方式。与骨骼或者软骨相比，这些纤维组织的特殊性在于它因张力而不是压力而塑形。其特殊形状依赖于局部长期的张力。如果局部张力都是单方向的，筋膜网将表现为肌腱或者韧带；非单方向的，则可表现为网格状的膜或者松散的像棉花糖一样的纤维区。

太极拳套路练习的本质就是筋膜训练，其所谓的"盘"，盘的就是全身的筋膜系统。根据筋膜的分类特点和在人体不同部位的结构及功能差别，要把它们盘成一个协调的功能系统，实属不易，需要千百遍的磨炼才能"柔化成钢"，成为一个整体。因此，太极拳初学者在进行套路练习时要匀、缓、正、展。所谓匀，即保证动作路线改变时走的是圆的切线，因此动作速度要均匀，"无使有凸凹处，无使有断续处"；所谓缓，即"用意不用力"，缓缓行气达于指梢，神清气爽；所谓正，即保持身体中正安舒，无倾斜之弊；所谓展，即全身筋肉骨节自然开展，支撑八面。肌肉收缩产生的是力，筋膜运动产生的是劲，肌肉和筋膜就像须臾不离的阴阳两面，一方的存在始终以对方的存在为前提。相比之下，肌肉的作用外显属阳，筋膜的功能内隐属阴，太极拳运动就是要刻意提高筋膜的功能，使其达到与肌肉同样的作用，"唯有五阴并五阳，阴阳无偏称妙手"说的就是这个道理。同样，太极拳运动也要求气充盈到任何地方的膜，充盈到膜的任何地方，"行气如九曲珠，无微不到；运劲如百炼钢，何坚不摧"。

套路练习一段时间后，师傅还要进行"正架"①。正架的目的就是优化人体的结构，让每一块骨骼都找到自己的位置，即"手与足合，肘与膝合，肩与胯合"，俗称"外三合"，也就是俗语讲的"手放手窝，肘放肘窝"。只有每块骨骼各得其所，才能立身中正、虚领顶劲、含胸拔背、沉肩坠肘、裹裆护臀，才能一"气"呵成，气遍身躯，气沉丹田，"气至则膜起，气行则膜张"，达到"骨正筋柔"。假以时日，"心与意合，意与气合，气与力合"的"内三合"初步呈现，轻灵圆活，波浪起伏，滔滔不绝，劲断意不断，所练动作处处合规矩、脱规矩"从心所欲而不逾矩"。

因此，筋膜训练就成了太极拳套路练习的核心，"拳练千遍其义自见"就是太极拳套路练习的先决条件，"气沉丹田"就成为套路练习的方法，"立身中正"就是太极拳套路练习的原则，"懂劲"就成了太极拳套路练习

---

① 正架是太极拳传统训练方法的一种，用现代运动科学的话语来说就是指导学员形成正确的动力定型。

的阶段性目标。至此,"口传身授"阶段结束,自修阶段开始。

太极拳套路练习进入自修阶段后,仍需遵循单个动作的练习要领,随着时间的推移和千万遍的练习,全身筋膜系统的作用也愈发凸显,筋膜与肌肉的协调工作能力进一步增强,人对自己身体变化的感知能力得以提高,就出现了所谓的太极拳"走架境界"之说。附录如下,学者可以细细品味。

第一层

如站水中至项深,

立身中正气下沉;

四肢运动有阻力,

姿势变换要慢匀。

第二层

如在水中身悬空,

长江大河浮游中;

腰如车轴精神涌,

滔滔不断泅水行。

第三层

身体如在水上行,

如临深渊履薄冰;

全身精神须贯注,

稍微不慎坠水中。

太极拳发展到今天,不同流派太极拳的同一个动作,其练习方法和技击含义也不尽相同,但都有其合理性,这种外在形体和技击手法的差异,与其传播地域和受众群体密切相关。大家知道,太极阴阳理论与技击术的创造性结合,改变了传统武术固有的运动方式和训练方法,对敌搏击不再是兵来将挡、水来土掩、针尖对麦芒的"有力打无力,手慢让手快",而是避实击虚、随曲就伸、以弱胜强的"四两拨千斤"。在上述理念的指导下，随着时代的变迁，太极拳的训练方法和内在规定也会随主要传承人的个人修为、人生经历、时代需要和社会背景发生改变，从而导致太极拳同一动作在传承时出现"异化"，导致同一动作的不同运动形式和技术特点。

四、太极拳传统套路动作的文化解读

在古代，太极拳传统套路的教授方法一般都是言传身教，徒弟通过拜师的形式获取技艺传承。在"师徒如父子"传统观念的影响下，师傅除了传授徒弟技艺外还要负责徒弟德行的培养和教育，徒弟除了学习技艺之外还要负责师傅的生活起居甚至养老送终，这就决定了其传播范围的局限性和传播对象的稀缺性。因此，"拳不出村，拳不出乡"就成为古代中国拳种传承的主要现象，而外地学员较本地徒弟拜师学艺的代价会成倍增加。由于重文轻武观念的影响，有文化修养的人也不屑于与武为伴，这就导致练武之人一般为社会底层的自愿者或特殊天分的追求者。古代社会，并没有当今现代化的教学工具和手段，不可能通过影像技术一遍遍回放观看，更没有现代通信技术求证解难，所有问题的解决都必须通过面对面的示范和交流，家境好的徒弟可以住到师傅家里或把师傅邀请到自己家里耳提面命，但终究还会出现很多麻烦。为了解决这些潜在的困难，一些师傅就会把传授给徒弟的动作编成顺口溜让徒弟熟记在心，一来二去，这些顺口溜也成为太极拳文化内容的一个闪光点。随着太极拳传播范围的扩大和练习人群的增加，各个流派的太极拳也从不同角度对自己套路动作的特点进行了阐发，逐渐形成了独具特色的太极拳文化现象。如陈式太极拳对金刚捣碓动作的判词有"金刚捣碓敛精神，上下四旁寓屈伸。变化无方当未发，浑然太极备无身"，还有"一生无事养太和，锦绣花团簇簇多。天上金刚携玉杵，善降人世大妖魔"。[①] 用这

---

① 陈鑫编《陈氏太极拳图说》，山西科学技术出版社，2006，第102页。

些朗朗上口、通俗易懂的语言表达高深的太极拳原理和训练方法，是在那个信息闭塞和交通不便时代的明智之举。

纵观太极拳各家套路动作的俚语判词，或明喻或暗喻，或夸张或委婉，都有一个共同的特点，就是贴近生活好听好记。对于当代的太极拳练习者来说，熟读这些俚语判词，不仅能提高对太极拳动作的理解，还能增加练习太极拳的趣味性，体味太极拳古圣先贤的人生智慧与文化修养。单鞭是各个流派太极拳套路共同具有的动作，通过分析它在不同流派中的俚语判词，可以了解太极拳多元的文化特征。

陈式太极拳单鞭俚语：

单鞭一势最为雄，一字长蛇互西东。击首尾动精神贯，击尾首动脉络通。当中一击首尾动，上下四旁扣如弓。若问此中真消息，须寻脊背骨节中。①

杨式太极拳单鞭俚语：

单鞭一势最称雄，左像箭来右似弓。松肩坠肘挡四面，钢鞭一击追人魂。近得身来劲变捌，或推或按任君使。左顾右盼迎头打，先击敌人两枝花。②

吴式太极拳单鞭俚语：

单鞭正斜右撮钩，顶抗应施腕和肘。通臂内劲意导引，目视掌心掤到头。平衡身法轻松稳，采捌肘靠应追求。双鞭左右作分击，砍削抓勾有自由。③

和式太极拳单鞭的俚语判词与陈式太极拳完全相同。单鞭是太极拳套路中出现频次较多的动作，陈式太极拳传统套路中共出现了7次，足以说明此动作在太极拳运动中的重要性。虽然我们现在已经无法揣摩太极

---

① 陈鑫编《陈氏太极拳图说》，山西科学技术出版社，2006，第112页。
② 张耀忠编《太极拳古典经论集注》，北京体育大学出版社，2014，第220页。
③ 张耀忠编《太极拳古典经论集注》，北京体育大学出版社，2014，第258页。

拳先贤创编传统套路时依据的标准,但通过对比还是能发现一些端倪的。首先,杨式太极拳、吴式太极拳单鞭的俚语判词在时间上明显晚于陈式太极拳,也有明显的脱化痕迹。其次,从文采和意境上两者也存在一定的差距。查看杨澄甫《太极拳体用拳书》以及老三本《太极拳谱》,通篇没有一个动作标注了俚语判词,这也说明陈式太极拳是更为古老的太极拳术。最后,太极拳是一门身心修养的学问,不同的练习者因追求目标、锻炼层次和理解体悟的差别,分别从理念、形态、要领、技击等角度对相同的动作做出差异性判断,这也显示了太极拳作为一种人体文化现象的多元价值。这样的文化现象普遍存在于不同的太极拳流派之间,在此不再一一举例。

总之,太极拳套路动作的俚语判词是太极拳人体文化现象的一大特色,就像学习太极拳要研读其经典文论一样,对比太极拳先贤对每一个动作的俚语判词,有助于练习者对太极拳的正确理解和规范练习实践。

第二节 太极拳推手

太极拳推手发端于陈式太极拳,是拳家在汲取中国传统武术攻防技击素材的基础上发展而来的,它为后世太极拳套路动作的规范练习提供了方法和技术支持,也是双人对练提高技战术水平的有效方法。如果说太极拳套路练习是知己功夫,那么太极拳推手则是知人功夫。也就是说,太极拳套路练习是自己知道该怎么做,推手则是自己知道为什么这样做,这样做能起到什么效果。

太极拳推手是对练双方采用掤、捋、挤、按、采、挒、肘、靠八种技法和前进、后退、左顾、右盼、中定五种步法检验太极拳套路动作攻防含义的有效性和提高技击水平的双人徒手训练方法,同时为太极拳散手或实战进行技术积累。其立足点是着熟。训练方法有单推、双推以及定步推、活步推。训练手段有喂劲、听劲和化劲等。练习原则是求中、守中和用中。最终目的是懂劲，即"由心知到身知"。通过推手练习，可以全方位锻炼和培养双方的触觉、反应、位置、角度、速度、力度等综合应对能力。

因此，在长期的训练和实践中，太极拳形成了一套属于自己的由浅入深的推手训练方法。

一、推手训练的种类

太极拳推手也称搋手、揉手，是太极拳的双人徒手对抗练习，也是太极拳训练的重要内容，更是提高太极拳实战能力的重要方法，经常练习可以锻炼人体反应能力，提高身体的速度、力量、柔韧等方面的素质。

单推手：太极拳推手类型之一，是按照上肢参与练习的情况进行分类的推手类型，是双方按照一定的手法与要求，以各自的单臂相搭而进行的推手练习。按照推手运行路线，它可分为平圆单推手、立圆单推手、折叠单推手等。

双推手：太极拳推手类型之一，是按照上肢参与的推化情况进行分类的推手类型，是双方按照一定的手法与要求，在单搭手的基础上，另一手贴附于对方手臂的肘弯处而进行的推手练习。根据推手时的运行路线，可分为平圆双推手、立圆双推手、折叠双推手、合步四正手等。

定步推手：太极拳推手类型之一，是按照下肢的移动情况进行分类的推手类型，泛指两脚不移动位置的各种推手练习。常见的定步推手有单手平圆推手、单手立圆推手、双手平圆推手、双手立圆推手和四正推手。

活步推手：太极拳推手类型之一，是按照下肢移动情况进行分类的推手类型，泛指两脚遵循一定的程序位置进行的各种推手练习。常见的活步推手有进三退二、进三退三、大捋推手、四隅推手、四正推手等。

行步推手：太极拳推手类型之一，也称随意活步推手，是按照下肢移动情况进行分类的推手类型，泛指两脚根据技击需要可随意走动的各种推手练习，其手法不受任何限制，根据需要随意变换，烂踩花、花脚步、散推手等都属于此类。

大捋推手：太极拳推手类型之一，因捋的幅度比定步推手中捋的幅度大而得名。陈式太极拳推手中的大捋步法是一进一退，手法为掤、捋、挤、按，练习中两腿一屈一伸，左右盘旋，运行中小腿肚贴近对方。

二、推手训练的原则与方法

太极拳推手的种类虽然很多，但也是一个循序渐进的过程。从单推手到双推手再到活步推手，是一个由简到繁的逐步提高过程。从技术层面来讲，太极拳推手当然不能违背运动技能的形成规律，同样也要经历泛化、分化和自动化的一系列过程。泛化阶段，是运动技能形成的初期阶段，动作不熟练，推手双方肯定会出现顶匾丢抗的现象，这是由推手双方或一方因肌肉紧张，参与运动的关节灵活性不足造成的。因此拳论特别强调"松"，不仅要求肌肉放松，还要求精神放松。所以初学推手的双方要用定步单推手和双推手练习逐渐克服肌肉的僵硬，在平圆和立圆的局部空间内锻炼双方触觉的灵敏性和关节的灵活性。因此，泛化阶段太极拳推手练习的原则是"不偏不倚，随曲就伸；不丢不顶，沾连粘随"。要求推手双方思想上不能有丝毫的进攻意识，必须全身心去感受双方接触点力的大小、方向以及身体各个关节的顺背，稍有不顺，立马改正。鉴于运动形成的规律，泛化阶段的太极拳推手练习不以破坏对方的重心平衡为目的，而是要以全身肌肉形成正确的记忆为目的，为较高层次的分化阶段①提供经验积累。

随着推手双方由定步过渡到活步和行步，运动空间也进一步扩大，参与其中的要素也逐渐增多，特别是神经系统发出的指令增多，不仅要保持触觉的敏感，还要在运动中和行进间感受接触点力的大小，特别是方向的变化，同时还要调节全身各个关节的位置角度以保证更大空间内的沾连粘随和随曲就伸。当然，活步推手的初始阶段达到这样的要求是困难的，几乎是不可能的。就像军事演习一样，对阵双方参与的军种越多，其间的信息传递越复杂，分析起来也越困难，信息传递也越不顺畅，甚至会出现信息链的阻塞与中断，造成混乱场面，各军种的协同作战效果就会大打折扣。同样，推手进行到活步和行步阶段后，各种信息，特别是肌肉用力的大小、方向和作用点以及心态、心理和情绪的变化等信息汇聚到大脑，大脑在处理这些信息并下达指令时难免顾此失彼，造成部分肌肉因指令的混乱或错误产生僵硬导致关节运转不灵，出现"顶牛"或"过不去"的问题，这就是太极拳推手过程中的"双重"现象。要解决这个问题必须保证信息传递到每个肌肉单元，并按指令与其他肌肉协调配合，达到"动急则急应，动缓则缓随"的要求。只有上传和下达的信息都保持通畅，各个环节不出现停留和阻滞，整个运动系统才能有序配合，运转灵活。

"双重"是太极拳运动中的一个专业术语，在推手中表现得较为突出，主要是推手双方或一方不能顺畅地操作掤、捋、挤、按等技术方法，出现顶匾丢抗的现象。从太极拳推手传统经验来讲，就是腰部不能主动、灵活地感知外部作用到身体上力的变化并随变化作出合理的反应；用运

---

① 随着练习的深入，练习者对运动技能的内在规律有了初步的理解，一些不协调和多余的动作也逐渐消除，错误动作也逐步得到一定程度的纠正。此时，大脑皮层运动中枢兴奋和抑制过程逐渐集中，大脑皮层的活动由泛化阶段进入了分化阶段。此阶段，练习者能比较顺利和连贯地完成完整技术动作，初步建立了动力定型，但尚不巩固，如遇刺激，错误动作会再次出现。

动生物力学解释就是关节的灵活性受阻，也就是控制关节活动的肌肉的协调性不足；归根结底还是大脑传递给肌肉的指令没有得到很好的执行，上传或下达的信息不畅，参与运动的众多关节不能协调配合、行动一致的结果。知道了双重的形成机制，只需要对症下药就行了。

首先，思想上要克服自身防御系统的影响，正确认识推手的作用与目的不是击败和战胜对手，而是在无伤害的条件下建立自身以筋膜为核心的应力体系（这就是太极拳运动特别强调放松的原因）。其次，在放松的基础上重点感受推手双方接触点力传递到腰部的大小和方向，并让腰部、骶髂筋膜更多地搜集信息对大脑产生定向反馈指令（这是太极拳推手练习中"听劲"的要求）。再次，在顶匾丢抗的情况下，要保持接触点力的平衡，然后通过多关节，特别是骶髂关节和髋关节的参与来化解这种矛盾，并经过重复练习强化大脑的应激机制，提高神经中枢处理复杂信息的能力（这就是太极拳推手中"喂劲"的作用机理）。最后，对重要关节，特别是两肩关节、两胯关节①、骶髂关节进行重点训练，提高中枢神经系统对这些重点关节的控制能力（这就是太极拳运动中要求"开肩"和"开胯"的原因）。

双重是推手动作技能实现自动化途中的拦路虎，不克服双重，无论是太极拳套路练习还是推手实践都不可能有所突破，更不能窥探太极拳内劲的奥秘。《太极拳论》讲："立如平准，活似车轮。偏沉则随，双重则滞。每见数年纯功，不能运化者，率皆自为人制，双重之病未悟耳！"与西医相比，传统中医并不是建立在现代解剖学基础上的分子医学，而是建立在经验基础上的与天地万物相平衡的对应医学，如五行与五脏的匹配，二十四节气与人体阴阳气血运行时辰的对应等，无不体现"万物

---

① 两肩、两胯是人体较大的四个关节，其结构和功能基本相同。需要强调的是，这里所讲的开肩开胯不是两肩、两胯的柔韧性多好，而是控制肩、胯关节的肌肉、筋膜能在神经系统的支配下协调配合，进行多维度的运动与反应，同时，肩与胯也要上下配合。

与我为一"的朴素唯物主义辩证思想，遵循自然法则，以万物为师，向万物学习，与万物和平共处始终是中华优秀传统文化的基本精神，这种精神也被太极拳先哲广泛汲取，如"心为令、气为旗、腰为纛""三尺罗衣挂在无影树上"等实践经验的描述便是这种智慧的体现。太极拳先贤虽然没有现代医学的解剖学知识和运动力学理论，还不能用现代医学的观点解释太极拳运动的作用机理，但在长期的武术实践和修行过程中，把实践经验与日常生活中喜闻乐见的事物和现象相对应，用象形取意或比喻表达来说明实际操作中的体悟，让后学者领悟其中的深意并指导太极拳运动的实践，不能不说既巧妙又深具智慧。

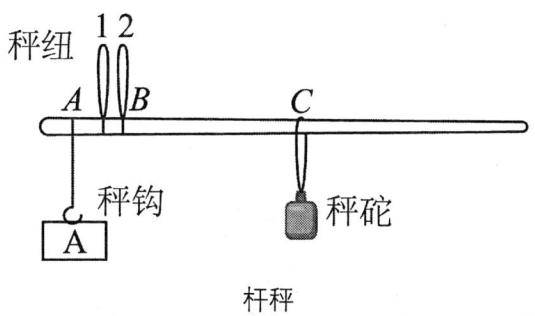

杆秤

杆秤是我国历史上长期存在的一种计量工具。杆秤的一端挂称量的物品，另一端悬挂秤锤，中间是提钮，秤杆上有秤星。当提起提钮，移动秤锤，秤杆达到平衡后就可以读出所称物品的重量。太极拳家用杆秤称物来比喻推手过程中身体要保持平衡，避免双重，实在是一种大智慧。"立如平准，活似车轮"就是要求在推手的过程中要始终保持立身中正，头要像杆秤的提钮一样往上领起，上肢关节才能各得其所，旋转灵活，这就是《太极拳论》讲的"顶头悬"。只有头顶往上领起，控制上肢各关节的肌肉才能放松，做到沉肩坠肘，这也是太极拳专业术语"骨升肉降"的真实含义。

但是，就像我们抓住自己的头发不能把自己提起来一样，只有"顶头悬"的意念还是不够的，毕竟躯干以上的重量还是要由两腿支撑的，两腿通过髋关节中间的骶骨（尾闾）与脊柱相连，完成对躯干重量的支撑。腰椎与骶骨的关系就像天平一样（腰椎就像托盘天平的刀口，骶骨就是支撑刀口的支点，两髋关节就像天平的底座），人体任何姿势的变化都要通过腰椎和骶骨的调整来完成，如果骶骨不能保持中正的姿态，腰椎必定发生偏移，躯干姿势的变化就会出现误差，导致身法不灵，因此，腰椎又有"车轴"之称。当然了，腰椎以上的部分即两肩则相当于天平的两个托盘。所以，只有"顶头悬"和"尾闾正中"同时做到了，才能立身中正，整个身体姿态的变化才能在上下两个天平的调整下运转自如，即《十三势行功歌》讲的"尾闾正中神贯顶，满身轻利顶头悬"。因此，推手技能达到自动化阶段的练习原则是立身中正，条件是"顶头悬"和"尾闾正中"，效果是"动急则急应，动缓则缓随"。当然，立身中正也是套路练习贯穿如一的原则。

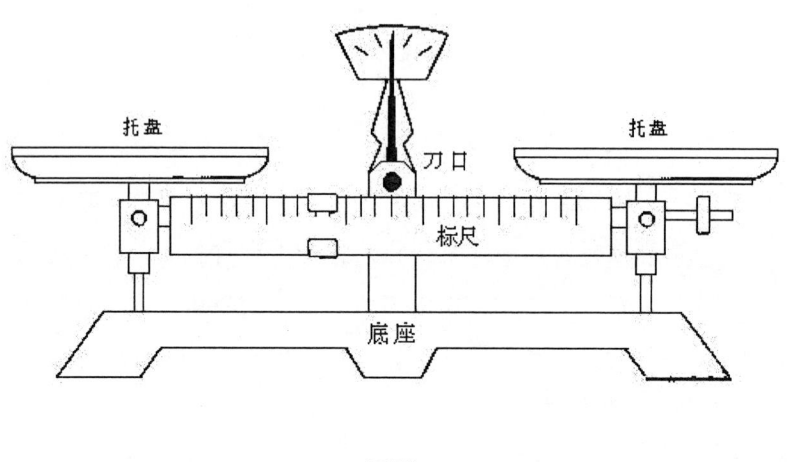

天平

推手阶段初步达到自动化后，还要对这种自动化的应激机制进行强化练习，人为增加推手技术的难度，如双方通过喂劲（改变力的大小、快慢、方向）等技法训练，重点提高神经系统（触觉、视觉、听觉）、运动系统（关节、筋腱、肌肉）、呼吸系统（气）的紧密协同能力，着力解决中枢神经系统搜集信息不完整、分析信息不充分、传递信息不顺畅、执行信息不坚决等问题，建立起协调高效的运行机制，为"懂劲"创造条件。

要想懂劲，首先要知道什么是劲，劲与力的区别，劲由何处产生，往来的路径，等等。《太极体用解》讲："劲由于筋，力由于骨，如以持物论之，有力能执数百斤，是骨节、皮毛之外操也，故有硬力。如以全体之有劲，似不能持几斤，是精气之内壮也。虽然，若是功成后犹有妙出于硬力者，修身、体育之道有然也。"[①] 从现代解剖学意义讲，人体由206块骨骼、639块肌肉和78个关节构成，这些骨骼、肌肉、关节表面以及脏腑、腠理、官窍外面都包裹或附着一层具有覆幕、联络、聚集、保护和储存功能的膜。这层在人体内无所不在的膜的功能和作用已经被现代医学所证实，并为传统中医的经络理论提供了有效支持，甚至还被一些医学专家称为人体的"第十大系统"。有理由相信，随着筋膜学研究的不断深入，中国传统中医学中"气"的产生、运行机制和功能作用等神秘性一定能被解开，筋膜学或许能成为打开太极拳健身养生这把神秘之锁的金钥匙。

筋与膜虽然同源，有着相同的组成成分（比例不同），但因其在人体不同的部位，便具有不同的结构和功能。筋主要由肌腱、韧带与经筋组成，是身体中一类坚韧刚劲的条索状组织，其两端附着于骨而聚集在关节周围。筋有大筋、小筋的区分。大筋即粗筋（跟腱），大筋的部位在关节之内（如膝关节内的前后交叉韧带），小筋则附于关节两端的骨头上。经筋则是指全身分布的经络网状系统，主要由十二经筋构成，它们分别接受相应正经气血的滋润和管辖。"劲由于筋，力由于骨"鲜明指出了劲是关节里面和外面包裹的筋产生的，而力则是由肌肉收缩牵动骨骼运动产生的。力很大，可以提起几百斤的重物，劲很小，甚至不能提起几斤

---

① 王宗岳等：《太极拳谱》，沈寿点校考译，人民体育出版社，1995，第132页。

的物体，但是劲练成以后却能产生力没有的妙用，这是因为人体内壮的结果。《固有分明法》言："夫运而知，动而觉，不运不觉，不动不知，运极则为动，觉盛则为知。动知者易，运觉者难。先求自己知觉运动得之于身，自能知人；要先求知人，恐失于自己。不可不知此理也。夫而后懂劲然也。"[①] 由此可以看出，太极拳推手如果能克服双重，达到知觉运动的自动化阶段，不以顶匾丢抗相对于人，而以沾连粘随等待于人，就可以初步具有懂劲的功夫了。初具懂劲后，推手中已经能做到沾连粘随与随曲就伸了，但要发劲还要明白劲走的路线，太极拳《五字诀》讲："劲起于脚根，主于腰间，行于手指，发于脊骨。"如此，才能做到"懂劲后愈练愈精，默识揣摩，渐至从心所欲"。

双重与懂劲是提高太极拳技击水平道路上必须翻越的两座高山，许多太极拳爱好者终其一生也没能翻越。究其原因，一是没有名师指点，二是悟性不够，三是定力不足。我们虽然讲述了双重与懂劲形成的机理，但是练习者要真正做到并灵活使用，"非用力之久，不能豁然贯通"。这也验证了古代社会，一个优秀武术家穷其一生精力培养出的成名弟子屈指可数，开宗立派者更是凤毛麟角的主要原因了。当然了，要想避免双重获得懂劲，还要分清传统武术运动与现代搏击运动的区别。

三、太极拳推手与自由搏击的区别

太极拳推手达到懂劲阶段后，已经初具散手的要素，与非训练有素的对手较技，在技术和心理上可以完败对手，但与专业选手特别是现代竞技项目的自由搏击包括拳击、散打运动员对阵，在实战经验、抗击打能力、战术应用和心理调适等方面还存在着严重的不足，或者说根本不具可比性，就如让竞走选手与短跑运动员进行百米比赛一样，其结果不言而喻。

---

① 王宗岳等：《太极拳谱》，沈寿点校考译，人民体育出版社，1995，第116页。

从技术角度分析，太极拳推手是对练双方在无伤害的条件下熟练使用掤、捋、挤、按、采、挒、肘、靠八种技法和前进、后退、左顾、右盼、中定五种步法进行的徒手训练方法；自由搏击则是运用踢、打、摔、直、摆、勾等一切可以使用的技术和手段来战胜对手的格斗方法。从训练过程来讲，推手是通过喂劲、听劲和化劲锻炼人体知觉系统的反应能力和技击技巧的使用能力，是内向型的训练；自由搏击则是运动员通过专业技术的科学训练开发人体的最大潜能（速度、爆发力、反应、抗击打能力），是外向型的训练。从目的来看，推手是克服双重，实现懂劲为目的由心知到身知的锻炼过程；自由搏击则是要在最短的时间内，用最有效的手段击败对手。从各自的对手来讲，推手的对象一般是同门师兄弟或朋友；自由搏击的对象则是专业选手。因此，推手是在预设场景下展开，通过喂劲、听劲和化劲等方法和手段，训练身体各个部分特别是运动系统的神经反应和心理应对符合动作原始技击本质的要求，克服双重，达到懂劲为目的的由心知到身知的训练和再提高过程，最后的落脚点还是要回归到套路动作的规范练习上；自由搏击则是在规则允许的范围内，对阵双方用最短的时间、最有效的手段击败对手，是一种技术、气势、时机、心理和意志等要素的综合运用，最终的目的就是击败对手。因此，太极拳推手与自由搏击在战术准备、技术运用、目标定位、心理调适等方面存在根本区别。

现代太极拳练习者或部分拳师把太极拳推手与搏击混为一谈，无视其区别，模糊其边界，把训练方法当成实战技法，随意夸大推手的神奇作用，并给其蒙上神秘色彩，这是对太极拳运动目的和技术训练的误解和不负责任，不利于太极拳的科学化普及和有序传承。因此，我们应科学定位太极拳运动的真实格斗水平，厘清太极拳运动与现代搏击运动的关系，让练习者回归理性思考，用现代科学原理和医学设备以及多学科理论共同揭示太极拳健身和技击的机理，具体分析太极拳"四两拨千斤"成立的特殊条件，还太极拳本来面目，实现太极拳的健康发展和有序传承。

因此，可以得出以下结论：太极拳通过推手练习达到懂劲的目标，然后着重提高自己的心性修养，豁然开朗是为"文成"；如果练习者继续攀登技艺的高峰，阶及神明是为"武事"。太极拳作为先贤的一项特殊健身方法，文成已经实属不易，要想达到武事的目标更要经历凤凰涅槃般的蜕变，既得文成又达武事，太极拳则体用全矣！

第三节　太极拳功法

太极拳功法是太极拳运动系统的重要内容，是太极拳传承过程中先贤的经验总结和智慧结晶，是太极拳练习者必须时刻遵守的法则。如果练习者不懂得这些法则，便不能合理运用这些法则，操作中很可能会处处碰壁，甚至南辕北辙。现实生活中，这些法则大多散落于太极拳的众多论述之中，并且讳莫如深，不知所以。而这些法则的核心内容与技术方法被各个流派的少数传承人所掌握，秘不示人。即使得到了练功的口诀，大多数练习者也难窥门径，不知如何操作。

水能载舟，亦能覆舟。任何事情都有两面性，只有了解并掌握了水的性质与特征，才能驾驭它为大众服务。太极拳也一样，只有懂得了太极拳练什么、怎么练，才能让太极拳成为人们健康的护卫者。如果说太极拳套路让人们知道了太极拳练什么，那么太极拳功法就是要指导人们怎么练。

一、太极拳功法的基础理论

现代体育健身运动与传统太极拳在运动内容、运动方式以及目的要求等方面存在较大的差异性。首先，现代体育健身运动方式是建立在现代医学、人体解剖学以及运动力学基础上的，通过提高运动系统、呼吸系统、循环系统以及神经系统的机能来增强体质的，其效果通过脉搏与生理指标可以进行量化统计；传统太极拳是建立在传统武术运动及中医经络学说的基础之上，通过养练结合强身健体，目前还没有有效的测量工具和检测标准，只能靠经验判断和本体感知。其次，现代健身运动的形式数不胜数，如慢跑、酷走、爬山、游泳、健身操、舞蹈、瑜伽等，还有新的运动形式被不断创造；而太极拳除了不同流派的形体差别，以及肢体圆弧动作的大小高低变化之外，就是一些器械的参与运动，运动形式相对单一。最后，现代健身运动技术简单，方法灵活，形式多样，突出某项技能的提高；而传统太极拳则技术冗杂，要求严格，强调整体效果。这些差异集中反映了太极拳练习的法则是潜规则而不是显规则，是一种主观的经验感知而不是客观的量化操作。因此，改变我们的思维方式，把外在的技术操作内化为身心的整体感知，就是传统太极拳功法练习的第一步。

与外向型的西方文化相比，中国传统文化从来就是向内追求的。太极拳文化是中国典型的内向型文化，中国传统文化的思维方式和养生方法被武术家所汲取并与武术技击方法相结合，产生了内外兼修的太极拳术，不能不说是对中国武术的创造性发展。"拳起于易，理成于医"，厘清太极拳功法产生的思维方式、原理依据和操作方法，有助于太极拳爱好者破除迷信，少走弯路。

二、太极拳功法的形式与内容

桩功是太极拳功法的主要运动形式，俗话说得好，"千旋万转不如一站"。桩功又可分为静桩功和动桩功两个类别，其中静桩功主要有无极桩功和太极桩功（浑圆桩），动桩功则包含太极拳套路的所有动作，即每一个动作都是一个动的桩功形式。静桩功和动桩功一静一动，互为表里，相辅相成，共同构成了太极拳完整的功法体系。静桩功以气为体，绵绵不断，内养五脏六腑；动桩功以气为用，滔滔不绝，外壮四肢百骸。值得注意的是，把功法练习区分为静桩功与动桩功是为了解说的方便，并不是真的要区分出哪些是静桩功，哪些是动桩功，以及静桩功怎么练，动桩功怎么练。就像手心与手背，我们不能说手心能做什么，手背不能做什么，缺少了任何一面，手都将不复存在。同样，太极拳功法也是动中有静，静中有动，互为其根，一气贯穿的。同时桩功也有基本的要求和标准需要遵循。如《站桩四平诀》就说："练拳不练功，功夫终不深；练拳又练功，到老功自成。内家练桩功，首重四平正；心平则气正，眼平则意正，顶平则头正，肩平则身正，浑然任气行，形圆劲自增。"①

（一）无极桩功

首先，姿势正确。两脚自然分开与肩同宽，平行站立，两臂自然下垂掌心相对；下颌微收，舌顶上腭，头顶百会穴微微上领（顶头悬），眼睑下垂；两腿微屈，尾闾前收，命门后撑，重心后移，立定脚跟，百会穴、会阴穴和涌泉穴上下一线。其次，心无所想，意无所使，呼吸绵绵，吸气时注入丹田②，呼气时自然放松。最后，体会丹田部位有绵绵不绝的"气"产生的感觉。

太极拳家孙禄堂说："无极者，当人未练拳术之初，心无所思，意无所动，目无所视，手足无舞蹈，身体无动作，阴阳未判，清浊未分，混混噩噩，一气浑然者也。"③杨澄甫在《太极拳体用全书》中讲："人皆于此势易为忽略，殊不知练法用法，俱根本于此。"④这都说明气在无极桩功练习中的重要意义。不仅无极桩强调气的作用，整个太极拳功法运动都是遵循气在经络中的运行来实现的。《十三势行功歌》道："变转虚实须留

---

① 沈寿：《太极拳法研究》，福建人民出版社，1984，第29页。

② 此处所讲的丹田即肚脐下三寸的地方，小腹中央，又称气海。

③ 孙禄堂：《孙禄堂武学集注·太极拳学》，孙婉容校注，北京科学技术出版社，2016，第23页。

④ 杨澄甫：《太极拳体用全书》，上海书店，1986，第1页。

神，气遍身躯不稍滞……刻刻留心在腰间，腹内松静气腾然。"[①]其中"气遍身躯""气腾然"的描述恰好表达了无极桩的"一气浑然"的实质。无极桩练到一定阶段，丹田气会越来越强，并能顺着经络及筋膜在全身穿行，练功者会有"行气如九曲珠，无微不至"的体验。

"打拳不懂窍，等于瞎胡闹"，拳谚明确告诉我们，练习太极拳必须对自己的身体结构有一个比较精确的了解，必须懂得一些重要穴位及其大致位置。如百会穴、印堂、膻中穴、神阙穴、丹田、会阴穴、涌泉穴、尾闾穴、命门穴、夹脊穴以及大椎穴、肩井穴、玉枕穴、劳宫穴等。只有弄清了这些重要穴位及其位置，明白了气的发端、运行的路线、目的地，反观内视，才能静心、用意、行气。

（二）太极桩

太极桩功是在无极桩功的基础上，丹田气相对充盈的情况下，引气冲震命门穴，配合束肋动作，催动两臂自下而上环抱腹前的太极状态。太极桩要求双肩松开，锁骨下沉，胸骨内含，以助气沉丹田，同时两臂内撑外掤，肘尖下垂，两大拇指领劲，指尖有相吸相合之意。吸气时百会穴、会阴穴、膻中穴以及两手的劳宫穴、两脚的涌泉穴微微内收，劲贯梢节，支撑八面；呼气时气息绵绵，身心放松。久而久之，身轻气灵，循环不停。如果能将这些要求运用到套路之中，并与动作、劲路结合起来，身体内外就会产生一种浑厚、坚韧、弹性极强的混元之气。

太极桩功特别强调心的功能和作用，以期实现对气与意的控制和统领。"心为令，气为旗"，"先在心，后在身，腹松净，气敛入骨，神舒体静，刻刻在心"；这里，心不仅是身体的主宰，也是气运行的依据。正是由于心始终处于支配人所从事实践的地位，所以太极拳家还特别强调心与气的顺遂，"以心行气，务令沉着，乃能收敛入骨。以气运身，务令顺

---

① 唐豪、顾留馨：《太极拳研究》，人民体育出版社，1996，第129页。

遂，乃能便利从心"。

心不仅有主宰作用，还具有知觉能力，古人也常常把这种知觉能力称为"神明"。秉承这一思维方式，太极拳先贤以太极之理创造太极拳，并通过其运动主体演绎天地的生生不息。杨澄甫说："太极拳本易之太极八卦，曰理，曰气，曰象，以演成……惟理气象乃太极拳之所胚胎也，三者得能兼备，而体用全矣。"[①] 至于理、气、象的关系，陈鑫说："意者，吾心之意思也……此其意一则由理而发，一则由气而练……故吾之意可知，而彼之意可想。学者所当留心体会，以审其意之所发。"[②]

太极拳桩功对心的修习运用到具体实践中就是"舍己从人""后发先至"。心作为认识的主体，只有保持其虚明，才能在交手时不会被对方的表象和假象所蒙蔽，对手的一切动作和意图就会在自己的心中自然呈现，做到避实击虚。

太极拳桩功虽然有无极桩功和太极桩功的区别，但是在实际操作过程中又很难把它们严格区别开来。无极桩功与太极桩功在练习过程中是一而二、二而一的关系，都遵循同样的技术要领与要求，只是太极桩功在目标上更进了一步。桩功的目的是优化人体的骨骼架构，优化筋膜和腱膜的排列顺序和用力方向，打开和捋顺气机运行的通道，避免因过度运动造成骶髂筋膜和背阔肌筋膜的损伤和粘连，这在传统道家内丹术和中医经络学说中都得到了验证。虽然当时的健身理论还无法与现代运动筋膜学的研究成果相提并论，但筋膜训练在保持人体健康和技击实践中的具体运用却远比现代筋膜学要早得多。"气"这个长期困扰现代医学的神秘存在，一直没有得到医学界的普遍认可，但是，随着各国学者在筋膜学研究领域的逐步深入和研究手段的不断创新，有望被彻底解开。一种可信的证据是"经络气道说"，即通过针刺、外部压力以及特殊的体位

---

① 杨澄甫：《太极拳体用全书》，上海书店，1986，"例言"第1页。
② 陈鑫编《陈氏太极拳图说》，山西科学技术出版社，2006，第80-81页。

能激发"循经传感现象",敏感者能产生有液气运行的水流感、气流感、虫爬感以及腺体分泌等。太极拳桩功练习者产生的气感如指尖跳动、麻胀感以及口生津液等现象就足以证明气确实存在,只是没有经过专业训练的桩功练习者这种感觉不明显罢了。

总之,桩功训练通过特殊的体位改变筋膜的用力方向打开气道,并在意识的参与下促进气在筋膜中的运行以增强其功能,是静中求动的练习过程。而套路练习则是通过动作以及体位的变化配合呼吸提高气在筋膜中运行的能力,是动中求静的练习过程。一动一静,相辅相成,互为其根,其共同的目的就是促进气在人体筋膜内的有效运行,发挥筋膜作为人体支架的整体功能。

第四节 太极拳基础理论

太极拳理论体系是太极拳运动的指导理论,其内容包含太极拳的思想基础、训练方法、技术指导和说明、身体感悟和心性修养、价值目标与功能定位、人格修养与道德标准等,属于太极拳文化结构的制度层面。

太极拳基础理论是太极拳先哲的经验总结和太极拳实践中身体感悟的文字留存,必须认真对待,正确理解。如果望文生义,只做字面理解,可能会自相矛盾,不明所以。因年代久远,很多原始资料已经散失,其著作者也无从查证,加上口口相传,难免在传播过程中出现一些文字上的纰漏,致使各家文献中的个别字句音同字异或句子此前彼后,但瑕不掩瑜,其本意并没有发生根本的变化。沈寿先生所著《太极拳谱》详细记录了各个太极拳流派的理论著述并对其进行了详细的对比,是一本较为客观记录各家言论的书籍,值得太极拳研究者和爱好者拜读。近年来虽然又有新的发现,如焦作博爱唐村《李氏家谱》中对太极拳理论和拳谱名称有较为完整的记录,但还没有得到官方和学术界的广泛认同,在此仅做参考。

太极拳释名

太极拳,一名"长拳",又名"十三势"。

长拳者,如长江大海,滔滔不绝也。十三势者,分掤、捋、挤、按,采、挒、肘、靠,进、退、顾、盼、定也。掤、捋、挤、按,即坎、离、震、兑,四正方也;采、挒、肘、靠,即乾、坤、艮、巽,四斜角也。进步、退步、左顾、右盼、中定,即金、木、水、火、土也。此五行也。合而言之,曰"十三势"。[①]

《太极拳释名》是太极拳取名的含义、正名的依据。因为其动作多,练习时间长,每个动作之间由意和气贯穿,劲断意不断,意断气相连,运动时绵绵不断,循环无端,所以称为长拳,这是从动作起承转接的核心"气"的形态与性质角度对太极拳进行立论的结果。如果从技法的角度理解,掤、捋、挤、按、采、挒、肘、靠正好与八卦的奇正方位相对应,前进、后退、左顾、右盼、中定又与五行的生克关系相符合,因此以五行八卦立论为其定名十三势再恰当不过了。对应本就是先民的一种思维方式,现实生活中处处留存这样的痕迹。如天干地支、十二生肖、五脏对五行等不胜枚举。然而,对太极拳先贤来说,"长拳"和"十三势"的名称太过通俗,不能尽显其独有特色。于是,以五行八卦比附拳的创造性思维过程进一步容纳传统中医的藏象学说,并且把太极图和宋明理学的天人观也纳入其中,成就了太极拳命名的奇思妙想。正如古人的取名规律一样,我们也可以这样理解,太极拳,字长拳,号十三势。这一正名不仅实现了十三势的华丽转身,使十三势这门拳术的理论基础水到渠成,还顺应了理学作为那个时代官方哲学的要求,规避了重文轻武的传统观念,满足了创立者对这一拳术"高、大、上"的需求,并且提高

---

① 王宗岳等:《太极拳谱》,沈寿点校考译,人民体育出版社,1995,第30-31页。

了太极拳在一般民众心中的价值指数。

诚然,太极拳的命名过程,特别是以阴阳五行、八卦来比附太极拳的运动特征,的确给现代人带来了理解上的困难,增加了其神秘性,但是我们却不能因此责怪古人,更不能用现代的科学技术和学科知识去否定他们做出的贡献。试想,几千年农耕文明和封建文化统治,阴阳、五行、八卦和中医早就成为先民心中根深蒂固的最先进的"科学技术"了。正如乔凤杰教授所讲:"有人认为,以阴阳五行学说来解读武术,乃是一种愚昧甚至是欺骗。但是,实际上……阴阳五行学说早已不是一种世界观,而是一种认知方式。作为一种认知方式,阴阳五行学说自有其不足或者局限之处,但绝对不是完全的愚昧与欺骗……应该说,无论是对武术实践经验的升华,还是从其他学术理论中借鉴所得……这些武术理论,都是以阴阳五行学说对拳法的根源特别是拳法之间的生克乘侮关系的认识与解读,都可谓是思想深刻,目光独到。"[1]

既然太极拳以阴阳五行比附,以太极命名,那么就注定它必须按照太极之理建构自己的理论体系。

太极拳论

太极者,无极而生,动静之机,阴阳之母也。动之则分,静之则合。无过不及,随曲就伸。人刚我柔谓之"走",我顺人背谓之"粘"。动急则急应,动缓则缓随,虽变化万端,而理唯一贯。由着熟而渐悟懂劲,由懂劲而阶及神明。然非用力之久,不能豁然贯通焉!

虚领顶劲,气沉丹田,不偏不倚,忽隐忽现。左重则左虚,右重则右杳。仰之则弥高,俯之则弥深。进之则愈长,退之则愈促。一羽不能加,蝇虫不能落。人不知我,我独知人。英雄所向无敌,盖皆由此而及也!

斯技旁门甚多,虽势有区别,概不外壮欺弱、慢让快耳!有力打无力,

---

[1] 乔凤杰:《文化符号:武术》,社会科学文献出版社,2014,第237页。

手慢让手快，是皆先天自然之能，非关学力而有为也！察"四两拨千斤"之句，显非力胜；观耄耋能御众之形，快何能为？！

立如平准，活似车轮。偏沉则随，双重则滞。每见数年纯功，不能运化者，率皆自为人制，双重之病未悟耳！

欲避此病，须知阴阳：粘即是走，走即是粘；阴不离阳，阳不离阴；阴阳相济，方为懂劲。懂劲后愈练愈精，默识揣摩，渐至从心所欲。

本是"舍己从人"，多误"舍近求远"。所谓"差之毫厘，谬之千里"，学者不可不详辨焉！是为论。①

《太极拳论》是太极拳的经典论著，这篇短短的文论被无数太极拳家奉为圭臬。其观点明确，思路清晰，语言精练，重点突出。不仅有练习方法、进阶途径，还有注意事项、错误纠正，从现代训练学的角度理解可谓面面俱到，不失为一篇完整的太极拳教学大纲。

开篇以《易经》的太极观阐明太极拳的立论根据，并以道家"有无相生、难易相成、长短相形、高下相倾、音声相和、前后相随"的"阴阳矛盾律"来说明太极拳练习的思想基础与原则。所有在练习过程中产生的动静、分合、屈伸、刚柔、顺背、急缓都是对立统一的整体，它们既相互对立又相互依存，而这种只有相互消长而无相互取代的逻辑关系，借助宋儒所作的太极图恰可进行形象的说明，这就是练习太极拳要把握的"理"。"练拳先明理"，不解决认识论问题，只知道旁征博引、引经据典是练不好太极拳的。当然了，这种从实践经验总结出的"理"与通过教育获得的"理"在本质上还是有一定差别的。要想弄明白太极拳的理，必须了解先民的思维方式和行为习惯，否则是不能正确理解和掌握其运动规律的。文章随后又明确了太极拳练习的三个阶段——着熟，懂劲，神明。并且告诫后学者只有慎终如始，专心致志，正确掌握方法，精熟攻防技术，日积月累才能豁然开朗。

---

① 王宗岳等：《太极拳谱》，沈寿点校考译，人民体育出版社，1995，第24-26页。

解决了思想问题，随后作者直奔主题，就方法论问题给出了答案——"虚领顶劲，气沉丹田"。作者虽然给出了练习太极拳的方法，但并没有阐释具体的操作流程，而是用一连串比喻给后学者展现其神奇效果："一羽不能加，蝇虫不能落"，既增加了太极拳的神秘感，又激发了练习者的信心与热情，可谓寓意深刻，匠心独具。"虚领顶劲，气沉丹田"这句话虽然每一位练习者都耳熟能详，但鲜有人能正确领悟和操作。所谓"大道至简""大音希声"，人们看到的往往是太极拳头顶的光辉，听到的也大多是太极拳功效的神奇，却很少有人去关注和发现被光辉掩盖的"真实"，也很少有人与自己的练功实践相对照。具体操作方法掌握了没有，掌握后身体会有什么感觉和反应等，这些都是需要口传身授，用心体会的。

　　"斯技旁门甚多"，怕读者误解，作者又采用类比法说明改变观念的重要性，"有力打无力，手慢让手快，是皆先天自然之能，非关学力而有为也"。太极拳临敌对阵拼的不是力气的大小也不是速度的快慢，而是以柔克刚、以弱胜强、后发先至的"四两拨千斤"。为了不给读者留下遗憾，作者对现实生活中耳熟能详的现象作进一步的说明，指出练了很多年太极拳的人没有达到化劲（四两拨千斤）要求的原因是"双重"，即身体阴阳未分，并且给出了解决问题的办法——懂劲。如何才能做到懂劲呢？"立如平准，活似车轮""阴阳相济"方为懂劲。至于懂劲的具体操作过程，前面已经论述，这里不再赘述。最后作者再一次强调改变思维方式的重要性：一定要"舍己从人"而不是"舍近求远"，要学会在自己身上找原因，真理和谬误只在一念之间。

　　总之，《太极拳论》是一篇总结性文论，其核心目的就是要后学者改变对拳术的固有认知，彻底解决思想问题。只有这样，才能在正确方法的指导下，愈练愈精，最后达到出神入化、从心所欲的"神明"境界。

　　太极拳具体的练习方法和操作过程，《太极拳论》问世之前的《十三势行功歌》已有论述。下面就《十三势行功歌》解释一下太极拳练习的具体方法和步骤。

十三势行功歌

十三总势莫轻视，命意源头在腰隙。
变转虚实须留神，气遍身躯不稍滞。
静中触动动犹静，因敌变化示神奇。
势势存心揆用意，得来不觉费功夫。
刻刻留心在腰间，腹内松静气腾然。
尾闾正中神贯顶，满身轻利顶头悬。
仔细留心向推求，屈伸开合听自由。
入门引路须口授，功夫无息法自休。
若言体用何为准，意气君来骨肉臣。
详推用意终何在，益寿延年不老春。
歌兮歌兮百四十，字字真切义无疑。
若不向此推求去，枉费功夫遗叹惜。[1]

《十三势行功歌》是作者以歌诀的形式论述练功的目的、方法和要点，字字珠玑，振聋发聩。不仅朗朗上口，而且目标明确，方法具体，窍穴明晰。其内涵丰富，告诫真切，对练习者正确掌握练功方法，有的放矢，具有重要的价值。后世言论，无出其右。各家对这篇文论注解很多，在此不再逐句解释，只从方法上对其进行整体概括。

根据对《太极拳释名》的分析，"十三势"是太极拳的前身，早在太极拳"正名"之前，十三势可能就已经传承了许多年，并且形成了较为完整的训练体系，《十三势行功歌》不叫《太极拳行功歌》就是有力的证明。

通读全文不难看出，《十三势行功歌》是太极拳早期功法体系形成

---

[1] 唐豪、顾留馨：《太极拳研究》，人民体育出版社，1996，第129页。

的重要标志,是太极拳内功修习的指导性文论,目的是内壮脏腑,外强筋骨。其中对"气"产生的机理,运行的窍要、路线以及需要的内外部条件都叙述得很清楚,对现代以养生为目的的太极拳练习者来说具有重要的指导意义。《十三势行功歌》一再告诫后学者,如果一定要把它与临敌对阵相对应,当作神功绝技来学习,最后只能是"枉费功夫遗叹惜"了!

试想,传统中国并没有现代社会众多的体育运动项目,先民在劳作之余要想娱乐身心,强健体魄,除了练武、跳绳、踢毽子之外,五禽戏、八段锦、导引吐纳以及易筋经就是比较高雅的健身运动形式了,这种类似于现代气功的导引吐纳方式除了在当时上层社会和文人术士之间流行外,也是练武之人的"标配"。自古医武不分家,只要是稍有成就的武术家,必定对中医了解甚深,对传统中医的辩证思维方式、经络、腧穴相当了解,并能对训练中出现的伤害损伤做正骨、推拿、按摩、拔罐、中药调理等简单处理。传统中医以"气"贯穿,而被无数武术人奉为上乘武学的《易筋经》,更是练气的典范。《十三势行功歌》与《易筋经》在练气方面有很多相通的地方,练习者可以进行对比借鉴。

《十三势行功歌》用现代话语解释就是:人的肺脏像风箱一样,膈肌就是风箱的阀门,肺脏一吸一呼鼓动"气"流向丹田(气海),通过"顶头悬"(虚领顶劲)、"尾闾正中"(裹裆护臀)和"命意源头在腰隙"(命门后撑),打通"气"流向丹田的通道。当丹田之气充盈后,命门就像气泵的开关一样打开,丹田气就会循经走穴,在全身流淌(鼓荡),而尾闾则在心意的指挥下起到控制器的作用,调节着命门这个总阀门的大小,向全身合理分配气的流量。如此,以外带内,以内催外,内外兼修,才能内壮脏腑,外强筋骨。只有从整体上优化人体的骨骼结构和强壮筋膜系统,进而促进气、血的相互濡养,提高神经系统的调节能力,保证各个系统功能的相对平衡,才能避免因某个系统的功能缺陷导致整个生命质量的下降。

《十三势行功歌》是太极拳先贤练功经验的结晶，除了练功方法与心得体会外，还有谆谆教导与告诫。如果太极拳练习者对其还存有疑问，先贤已经给后学者做了详细的注解，参照《十三势论》和《十三势行功心解》一起来学习，定当有所收获，现附录如下。

十三势论

一举动周身俱要轻灵尤须贯串。气宜鼓荡神宜内敛，无使有缺陷处，无使有凹凸处、无使有断续处。其根在脚，发于腿，主宰于腰，行于手指，由脚而腿而腰，总须完整一气。向前退后乃能得机得势，有不得机不得势处，身便散乱，其病必于腰腿求之。上下前后左右皆然。凡此皆是意，不在外面。有上即有下，有前即有后，有左即有右，如意要向上即寓下意。若将物掀起而加以挫之之意，斯其根自断乃坏之速而无疑。虚实宜分清楚，一处自有一处虚实，处处总此一处虚实。周身节节贯串，无令丝毫间断耳。

十三势行功心解

以心行气，务令沉着，乃能收敛入骨。以气运身，务令顺遂，乃能便利从心。

精神能提得起，则无迟重之虞，所谓"顶头悬"也。

意气须换得灵，乃有圆活之趣，所谓"变动虚实"也。

发劲须沉着松净，专主一方。立身须中正安舒，支撑八面。

行气如九曲珠，无微不到。运劲如百炼钢，何坚不摧？

形如捕兔之鹘，神如捕鼠之猫。静如山岳，动若江河。蓄劲如开弓，发劲如放箭。曲中求直，蓄而后发。力由脊发，步随身换。收即是放，放即是收，断而复连。

往复须有折叠，进退须有转换。极柔软，然后极坚刚；能呼吸，然后能灵活。气以直养而无害，劲以曲蓄而有余。

心为令，气为旗，腰为纛。先求开展，后求紧凑，乃可臻于缜密矣！

又曰：先在心，后在身，腹松净，气敛入骨。神舒体静，刻刻在心。切记一动无有不动，一静无有不静。牵动往来气贴背，敛入脊骨。内固精神，外示安逸。迈步如猫行，运劲如抽丝。全体意在精神，不在气，在气则滞。有气者无力，无气者纯刚。气如车轮，腰似车轴。①

上述五篇文论相互印证，可以帮助练习者更为全面地认识太极拳的理论基础、训练方法、练习要领、终极目标等。为了能让大家掌握重点，有的放矢，避免瞎子摸象，太极拳先贤给后学做了总结，其中《五字诀》就是较有代表性的一篇。

五字诀

一曰心静 心不静则不专，一举手前后左右全无定向，故要心静。起初举动，未能由己，要息心体认，随人所动，随屈就伸，不丢不顶，勿自伸缩。彼有力，我亦有力，我力在先。彼无力，我亦无力，我意仍在先。要刻刻留意，挨何处，心要用在何处，须向不丢不顶中讨消息。从此做去，一年半载，便能施于身，此全是用意不是用劲，久之，则人为我制，我不为人制矣。

二曰身灵 身滞则进退不能自如，故要身灵。举手不可有呆像。彼之力方碍我皮毛，我之意已入彼骨内。两手支撑，一气贯串，左重则左虚，而右已去；右重则右虚，而左已去。气如车轮，周身俱要相随。有不相随处，身便散乱，便不得力，其病于腰腿求之。先以心使身，从人不从己，后身能从心。由己仍是从人。由己则滞，从人则活。能从人，手上便有分寸，秤彼劲之大小，分厘不错；权彼来之长短，毫发无差。前进后退，处处恰合，功弥久而技弥精矣。

三曰气敛 气势散漫，便无含蓄，身易散乱。勿使气敛入脊骨，呼吸通灵，周身罔间。吸为合、为蓄，呼为开、为发。盖吸则自然提得起，亦拿得人起；呼则自然沉得下，亦放得人出。此是以意运气，非以力使气也。

---

① 王宗岳等：《太极拳谱》，沈寿点校考译，人民体育出版社，1995，第94-95页。

四曰劲整　一身之劲，练成一家，分清虚实。发劲要有根源，劲起于脚跟，主于腰间，行于手指，发于脊骨。又要提起全副精神，于彼劲将发未发之际，我劲已接入彼劲，恰好不先不后，如皮燃火，如泉涌出，前进后退，无丝毫散乱。曲中求直，蓄而后发，方能随手奏效，此谓借力打人，四两拨千斤也。

五曰神聚　上四者俱备，总归神聚。神聚则一气鼓铸，练气归神，气势腾挪，精神贯注，开合有致，虚实清楚。左虚则右实，右虚则左实。虚非全然无力，气势要有腾挪；实非全然占煞，精神要贵贯注。紧要全在胸中、腰间变化，不在外面。力从人借，气由脊发。胡能气由脊发？气向下沉，由两肩收入脊骨，注于腰间，此气之由上而下也，谓之合。由腰形于脊骨，布于两膊，施于手指，此气之由下而上也，谓之开。合便是收，开即是放，能懂得开合，便知阴阳。到此地位，功用一日，技精一日，渐至从心所欲，罔不如意矣。①

从内容上讲，《五字诀》并没有脱离前面几篇文论的范围，也没有提出新的见解，但著作者似乎有意回避了拳理上的说教，分别从身、心、劲、气和神五个方面进行了总结概括，强调了人作为太极拳实践的主体，应该从生理、心理等方面进行全面发展，才能实现太极拳功能的最大化。

前人做学问，方方面面周密而严谨，往往是一脉相承。通读上述几篇文论可知，《太极拳论》是一篇总结性文论，较之前的《十三势行功歌》与《十三势论》肯定不是一个人的作品，甚至不是一个时代的作品。但其间似乎隐隐由一根主线贯穿而成，正如《太极拳论》开篇所述："太极者，无极而生，动静之机，阴阳之母也。"太极、阴阳、五行八卦皆有论述，唯独没有无极的说明，略有遗憾。好在近几年在焦作市博爱县唐村发现的《李氏家谱》中记录有一篇《无极养生拳论》，或可弥补这一不足，现摘录如下：

---

① 唐豪、顾留馨：《太极拳研究》，人民体育出版社，1996，第137-139页。

无极养生拳论

无极养功者，人未练之先，无思、无意、无形、无象、无我、无他，胸中混混沌沌一气浑沦无所向意者也。世人不知有逆运之理，但斤斤于天地自然顺行之道，气拘物蔽昏昧不明，以致体质虚弱。阳极必阴，阴极必亡，于此摄生之术概乎未有谙也。惟三教融易圣人独能参透逆运之术。揽阴阳，夺造化，转乾坤，扭气机，于后天中返先天，复出归元，保合太和，总不外乎后天五行八卦之天理矣！一气伸缩之道，所谓无极功能生一气者是也，吾练功深感之。

无极养生功乃人之无意、无形，联先天极妙之主体，冲和之本始，阴阳动静之初源也。万物之生，负阴抱阳。人之真元所从而来，灵明所从而抱，无极生太极矣！于此，而与五行八卦元通，通则变，完全人身之阴阳而保此灵明者也。永人之天年，畅达人之血脉筋骨，欲从后天返先天而卫生之术。无极养生功者，苟以异端目元远矣，无极养生功有百益而无一害。虽以之强吾氏族也，谓世裔贤徒大功练而远矣！谨无极养生论焉。

总之，太极拳套路、推手和功法三个方面的内容相辅相成，共同构成了太极拳的运动体系。其基础理论，特别是《太极拳论》的出现，标志着太极拳技术体系和理论体系构建的正式完成，这在太极拳的发展史上具有里程碑的意义。这三个方面的内容中，套路是载体，功法是核心，推手是运用。它们只是分工不同，并无孰优孰劣之分，如果一定要说出个子丑寅卯，那必定不会令人满意。因为中国传统文化的很多内容（包括太极拳）都是经验的积累和总结，而经验尤其掺杂着人的思想、认知、思维和情感等因素，是不能用量化指标来衡量的。也就是说，不同的时代背景、个人阅历、性格特点、学识以及对太极拳核心技术的掌握程度都会对其理论作品产生影响。所以，爱好者在阅读那些名家名篇的时候一定要有所甄别，同时还要在太极拳实践中用身心去领悟先贤的真实感受。

第五节　太极拳的宗法传统与核心价值

　　古代中国，在长期自给自足的自然经济和农耕文明的基础上形成了以血缘关系为纽带，以父权家长制为核心的宗法等级制度。这种建立在宗族基础之上的宗法制度是由若干个相同血缘的家族集合而成，并结成乡社，进而成为国家的基石。在血缘（家族血亲）、地缘（农村乡社）、业缘（农耕经济）的共同作用下，同一家族的成员长期生活和劳作于同一地区，世代繁衍，家族本位成为根深蒂固的群体意识。在这种群体意识中，服务于社会需要，就成为这个宗族的核心价值，并得到有效的维护与传承。

　　农耕文明时期，地理的独特性和地域的特殊性造就了文化的特殊性。一方水土养育一方人，温县就因其傍河而居，地势平坦，土地肥沃，所以物产丰富。农作物冬小麦与秋作物玉米产量高，四大怀药（山药、地黄、牛膝、菊花）品质好，这就为小农经济的发展创造了条件，家族成员依靠家族的力量从事粮油买卖和中药材交易等商业活动就成为可能。一个家族可能因为粮油买卖而发家，也会因中药材交易而富足，但在传统观念中，仕途还是大多数人出人头地、光宗耀祖的主要途径。从陈氏始祖陈卜开宗到第九世，陈氏家族经过200多年的发展，成为陈家沟的名门望族，但陈王廷还是要考取功名提高家族的社会地位，这足以说明仕途才是当时人们心中的正道。假如没有那次考取功名的挫败，陈王廷也不会在晚年创造出流芳后世的太极拳；假如没有陈氏族人陈德瑚将中药店开到了广府永年，杨式太极拳与武式太极拳也不知还要延后多少年才能开宗立派。历史不能假设，我们不能以自己的好恶揣测当时的情况，但我们还是能从留存的只言片语中推测曾经可能发生的事情。

一、太极拳的宗法传统

太极拳作为一个家族的"核心知识产权",是这个家族安身立命的根本,必定受到这个家族的严格保护。作为这个"核心知识产权"的继承人和拥有者,族长掌握着话语权和处置权,并且具有选拔继承人的权力和责任。对外扶危济贫,除暴安良,与其他家族和平共处;对内修续家谱、族谱,传授技艺,培养继承人。因此,选择继承人和把"核心知识产权"发扬光大就成了这个家族的头等大事。

古代社会,受制于血缘宗法传统的严格传承关系,没有权限的家族成员是不可能轻易接触核心机密的,甚至是至亲的女孩子也没有资格,所谓"传男不传女"就是这种陋习的表现。这种在家族内部以血缘关系代代相传的方式虽然保持了这个拳种"血统"的纯净和稳定,保持了较为先进的训练方法和传承体制,但也会因为"近亲繁殖"而缺乏创新改良,多代以后就会得非所愿而"生病"。因此,一名有战略眼光、德艺双馨的武术家是不会将这种"核心知识产权"独享,而是要将其造福人类,与社会分享的。但又不能不分善恶与任何人分享,必须寻找能继承其衣钵的可授之人,否则就有可能危害社会,辱及师门,因此才有"十不传""师择徒三年,徒寻师三年"的谨慎与无奈。

太极拳是以血缘关系和近似血缘关系来传承的,恪守宗法传统,一方面形成了老师与学生的父与子或近似父与子、只对内不对外的代代相传关系。另一方面,对于没有血缘关系却能继承师傅衣钵的优秀弟子也需要通过一定的模式将其纳入门墙,让本门技艺发扬光大,而这个模式就是拜师仪式。

所以,拳道相传,多数是圣人君子得之,兼有匪类之人,则需慎之又慎。因此,武术家都特别注重一个人的武德修养,并对择徒、授徒提出了更高的要求,以此约束练武人的行为,使其成为对社会有用之人,即使不能报效国家也可安身立命。练武人的理想目标就是"学会文武艺,货卖帝王家。帝王家不受，货卖识家；识家不受，自可持身治家"。

内功运动的方法属于一个拳种流派的核心知识产权，掌握在家族族长或流派的掌门人等少数人手里，没有血缘关系或者没有被师傅列入门墙的徒弟是得不到口传身授的，这又从根本上加深了太极拳的神秘性。

因此，太极拳在传承过程中因其神秘性和独特的身心体验而形成的传承方式和拜师仪式，是古代中国社会宗法制度向武术领域渗透的一种现象，这种现象为大多数人所认同，表现了中国人将有限的个体操守和技艺融入无限的种族延续的价值取向，其深层次的原因是保护家族的核心知识产权始终掌握在少数优秀人手里，不会被后人篡改而失去本来面目。

二、太极拳的核心价值

太极拳发展经历了萌芽期、成熟期、对外传播期、蛰伏期和普及期五个阶段。这五个阶段深受国家命运和社会变革的巨大影响，表现出不同的人生目标和价值取向。陈王廷因其跌宕起伏的人生经历和生命感悟，创造性地把《黄庭经》的养生思想与中医理论引入家传武学，开创了太极拳内壮脏腑、外强筋骨的内练先河。把外操坚刚、迅猛刚烈的运动柔化为轻灵圆活、刚柔相济的运动形式，这是他起伏跌宕的人生经历和生存经验在拳术运动中的表现。虽然当时并不叫太极拳，但其轻柔圆活、与世无争、不露锋芒的运动理念恰好体现了一个武术人在社会急剧变革中安身保命、圆滑处世的价值理念。

从陈王廷到陈长兴，在陈氏家族内部传承百余年的太极拳已经步入成熟阶段，"喝口陈沟水，都会翘翘腿""会不会，金刚大捣碓"，这些在民间流传的谚语不仅显示了陈氏家族习武风气的兴盛，也体现出陈式太极拳已经趋向成熟。这一时期，社会稳定，阶级矛盾缓和，人民安居乐业。太极拳作为陈氏家族的核心知识产权得以不断发展和完善，并且在家族内部广为流传，发挥着强健家族成员体魄、保护家族安定团结的作用。同时，外部稳定的社会发展环境给太极拳向外传播创造了条件。

正所谓英雄不问出处。杨露禅身为陈氏家族在永年太和堂药店的学徒，大概不会想到，一个愿望的坚守成就了他作为太极拳使者的光辉业绩。正是因为他"咬定青山不放松"的坚韧意志和刻苦勤奋，彻底感动了陈长兴，使其打破陈氏家传拳术不传外姓人的思想藩篱，把太极拳倾囊相授。杨露禅也不负师恩，精研拳艺十八年获得"杨无敌"的美誉，奠定了杨式太极拳的实力根基。随后，进入快速发展轨道的杨式太极拳开枝散叶，吴式太极拳、武式太极拳、孙式太极拳相继开宗立派，并在北京、南京、天津以及香港等地快速发展，开创了太极拳对外传播的新局面。这一时期，太极拳仅凭强身健体之效是不足以在京畿之地立足的，杨露禅也是因为战胜众多挑战者才在京城站稳脚跟并为武林认可的。因此，这一时期太极拳独特的技击技术和内功修为就无可争辩地成为其价值核心。人们惊叹于太极拳的神奇功效与独特运动形式，更促使有志者趋之若鹜，顶礼膜拜。一些文人术士也加入太极拳的练习队伍，并对太极拳的拳理和意蕴进行了有力的发挥，有关太极拳的论述著作也相继问世。如武禹襄外甥李亦畬1881年整理的《廉让堂太极拳谱》、陈鑫1933年刊印的《陈氏太极拳图说》、杨露禅之孙杨澄甫1934年出版的《太极拳体用全书》等，极大地促进了太极拳的传播，提升了人们对太极拳的认知水平。

太极拳独具魅力的技击特色和运动理念彻底颠覆了当时武林"有力打无力，手慢让手快"的固有认知，构筑了以柔克刚、以弱胜强、后发先至、四两拨千斤的技术格局，为武术界增添了新的运动形式和内容。

作为在民间或者说在社会底层艰难前行的太极拳，始终与国家的命运紧密联系在一起的，并不具有在社会动荡与变革中独善其身的实力和资本。清朝末年，政治腐败，军备废弛，外敌入侵，新旧文化冲突加剧，中西文明激烈碰撞，各种思潮相互激荡，阶级矛盾集中爆发，国家陷入苦难深重的半殖民地半封建社会；抗日战争与解放战争时期，虽有仁人志士振臂高呼，欲弘扬国术，救亡图存，尚武自强，但社会痼疾未除，人民思想未得解放，武林恶习还有待肃清，太极拳也只能在社会发展的洪流中蛰伏前行，默默发展。

新中国成立之初，百废待兴，中国人民开始了翻天覆地的社会主义改造。1952年，随着中央人民政府体育运动委员会的正式成立，特别是"国术"改称"武术"后，"武术开始承载着增强人民体质的主要使命，逐渐向着一种体育形式的改造与规范发展"①。草根阶层的武术运动，历史上第一次被纳入国家文化体育事业发展的整体轨道，并以"一种民族传统体育的身份，在中华人民共和国社会主义体育事业的大家庭里呈现出了迥然区别于晚清至民国时期的发展形式及相应状态"②。

出于当时维护社会稳定的现实需要，民间武术在"有选择和有节制"发展方针的指导下开始了治理和整顿，一些学术争论也相继停止，作为中国传统武术内容之一的太极拳也概莫能外。虽然民间武术受到了一定的限制，但国家层面的武术发展创新则成绩斐然。首先，第一支国家武术队于1954年在中央体育学院（北京体育大学的前身）成立；1956年，简化24式太极拳正式问世；1957年，武术被列为国家竞赛项目。尤其需要指出的是，简化24式太极拳一经推出，便在全国范围内广为传播，不仅有效地实现了以武术促进人民群众体质健康提升的体育运动发展初衷，同时也自然而然地成就了太极拳运动在当时武术传播中的领导地位。1984年9月，全国太极拳、剑邀请赛在黑龙江省哈尔滨市举行，为太极拳、剑走向单列比赛打下基础。响应国家号召，紧跟时代号角，创新发展的太极拳在这一时期与其他武术项目一样，其核心价值就是以民族传统体育的身份，为增强人民体质服务。

---

① 申国卿：《中国武术百年转型历程研究：1900—2012》，科学出版社，2017，第95页。

② 申国卿：《中国武术百年转型历程研究：1900—2012》，科学出版社，2017，第96页。

"文革"结束后,在十一届三中全会"解放思想,实事求是"方针的指引下,武术工作也开始以新的姿态沿着正确的轨道全面展开。原国家体育运动委员会于1979年1月发出了《关于发掘、整理武术遗产的通知》,并在全国范围内组织进行了相关的武术调研活动。这一延续了三年之久的武术挖掘整理工作对于当代武术的发展具有重要的历史意义。随后,以1982年、1992年、1996年的三次全国武术工作会议为标志,中国传统武术太极拳以中华民族特色传统文化的身份,开始承载着中华优秀传统文化内涵与民族特色文化功能的重任,"逐步开始向现代化过渡"。

改革开放40多年,也是中国武术太极拳全面爆发式成长的40多年。从邓小平题词"太极拳好"到习近平号召"弘扬中国优秀传统文化",从传统体育项目到中国传统文化的优秀代表,从天安门广场万人表演到"共享太极,共享健康"世界百万人共同演练,从民间草根技艺到融入全国教育体系,从街头卖艺到全国乃至世界赛场竞技,从隶属于传统武术序列到遍及全国各地的单列比赛,太极拳不仅在武术竞技场上斩金夺银,而且在世界范围内遍地开花,它不仅吸引着数以亿计的爱好者纷至沓来,也在世界范围内传播着中国传统文化。

如今,太极拳已经在学校体育学、人体运动学、体育竞赛以及武术发展的社会化、产业化、国际化等方面取得了一系列辉煌成就。未来,随着我国社会老龄化时代的到来,太极拳的运动特点和文化特色必将得到更大程度的发挥,太极拳的功能作用必将产生巨大的社会价值。

第三章

太极拳的形成与发展

2007年6月11日,《人民日报海外版》第2版《太极拳发源地定为河南温县》载:"今年3月底,由中国民间文艺家协会组织国内武术、考古、民俗等方面的知名专家,组成中国民间文化之乡评审考察验收组,专程对温县申报的中国太极拳发源地进行了为期两天的实地考察,最后一致认定:温县是中国太极拳的发源地。"2007年8月22日,《人民日报》第12版《焦作国际太极拳交流大赛举行》中说:"今天(21日)上午,在温县陈家沟,国家体育总局副局长冯建中等为'中国武术太极拳发源地'揭牌,焦作市温县被中国武术协会命名为'中国武术太极拳发源地'。"

太极拳发源于温县,是一批批学者和武术研究、教学机构经过多年的考察和研究,反复认定的结果。中国武术协会秘书长康戈武在《解读"温县被命名为:中国武术太极拳发源地"》一文从其他流派的早期著述中,通过详实的资料分析,合理的逻辑判断,去伪存真,驳斥了伪造的成分,拨云见日,荡浊存清,从传承的视角,还原了历史事实,得出无可辩驳的结论——太极拳发源于温县。

我们知道,太极拳是中国传统武术的一个门派,是中国传统武术百花园中的一朵奇葩。它是一门技术,也是一种文化形态;它深受传统武术文化的影响,更受到中国传统文化的浸润;它既具中国传统武术的精神，又有中国优秀传统文化的品格。离开了中国传统武术文化和中国优秀传统文化，太极拳文化也就成了无源之水、无本之木。太极拳是一种文化现象，是一种文化形态，这种文化形态的形成具有更深层次的地域和历史原因，不是一蹴而就的，我们不可能穿越时光隧道，回到那个时代去考察陈王廷初创太极拳时的真实情景。我们是学者，只能通过文献资料与口述历史分析当时的背景与可能性，让我们沿着历史的脉络回到明朝末年黄河北岸那个小村庄——陈家沟。

第一节　太极拳形成的地理环境

地理环境是人类赖以生存和发展的物质基础。从文化发生学的角度而言，特定的自然生存条件往往决定了一个独立文化体系的根本性质和特征，即使在同一文化体系中，内部地理因素的差异也往往促成各具特色的地域文化。地理环境是一个民族生生不息的生存之所，也是一个民族性格和精神形成和发展的不竭源泉。

不同的地理环境造就了完全不同的物质生产方式，也决定了经济的发展状况以及经济意识的形成。大相径庭的物质生产方式和经济意识直接或者间接地导致了传统武术风格的差异，使其呈现出多彩的地域化特色。需要指出的是，处于不同地理环境下的武术人由于长期受该地域空间构成要素和秩序的熏陶，必然形成具有该地域空间特色的武术文化理念，这种文化理念通过武术人的肢体得以展现，通过武术人的言论得以流传，通过武术人的交流得以传播，就形成了门派不同的武术种类。太极拳自其产生的那一刻起，就不可避免地打上了地域文化特色的烙印。

太极拳是在温县陈家沟这片特殊的乡土村落中产生和发展起来的，温县的自然环境和人文地理环境，是太极拳产生和赖以存在的基础。

一、温县的地理环境

温县古属覃怀之地，河内县，因境内有温泉又称古温，位于河南省北部的黄河北岸，南岸有洛水流入黄河，是中华民族最早的聚居区之一。北依巍巍太行，南濒滔滔黄河，西北临王屋积阻雄关，东接华北大平原，境内地势平坦肥沃，河流众多，有黄河、沁河、济河、丹水等河流穿过。气候宜人，土地腐殖质含量高，适宜农耕，属黄河、沁河的冲积平原，自古就有"小江南"的美誉。西南与九朝古都洛阳、东南与七朝古都开封、西北与山西太原都相距不过 100 公里。特殊的地理位置和优越的耕种条件使这一区域的农耕文明一直处于华夏文明的中心地位而延续至今，温县也因处于河洛地区和覃怀地区的交接处而深受河洛文化和覃怀文化的影响。

在中华民族五千多年的文明发展史中，温县深居中华腹地的覃怀、河洛地区，长期以中华文明的政治、经济、文化中心而傲立于世。夏禹时代，始以"覃怀"闻名，《尚书•禹贡》载："覃怀厎绩，至于衡漳。"司马迁《史记•货殖列传》曾记载："昔唐人都河东，殷人都河内，周人都河南。夫三河在天下之中，若鼎足，王者所更居也，建国各数百千岁。""三河"（黄河、洛水、沁河）河东、河内与河南这三地居于天下的中心，好像鼎的三个足，是历代帝王更迭建都的地方。广义的河内泛指黄河以北的冀州，狭义的河内包括北至安阳、林州，东至滑县、新乡，西至济源、孟州的广大地区，中心是明清时的怀庆府。西汉桓宽在《盐铁论•力耕》中说，古河内地区，"街衢五通，商贾之所臻，万物之所殖"。在《盐铁论•通有》中又说："魏之温、轵……三川之二周，富冠海内，皆为天下名都。"正因为如此，覃怀成为河洛向西北、东北联系山西、河北的地区性都会。而其中的河内地区自古以来就是天下的粮仓、国家的经济中心。

河内地区不仅经济发达，还具有非常重要的战略价值。两汉之际，

"河内带河为固，户口殷实，北通上党，南迫洛阳"，以至于刘秀"因是而起"，任命寇恂为河内太守，在淇园竹林造箭百余万，养马二千匹，征粮四百万斛，为前方部队提供了源源不断的军需保障。明朝《寰宇通志》亦云："太行北峙，沁水东流，近带黄河，远挹伊洛，舟车都会，号称陆海。"也正是因为其战略位置的重要，历代战乱，皆遭劫难。

河洛地区是华夏文明的发祥地，是全世界华人的精神故里。温县地处河洛，世代生活在这片黄土地上的先民，在享受黄河母亲带来的优厚生存条件的同时，也在用自己的勤奋、努力和牺牲创造着更加丰富的物质文明和精神文明，虽然历经沧海桑田，却以顽强的生命力延续着它的地域性、多样性和传承性，并且生生不息，代代相传，呈现出古拙质朴、博大精深、历久弥新的独特魅力。

二、陈家沟村落的形成

明朝初年，久经战乱的河南、河北、山东等地民不聊生，很多地方"村庄毁去十之八九，百姓仅存十之一二"。温县也因特殊的地理位置饱受战争的蹂躏，人民生活更是雪上加霜，特别是元朝名将扩廓帖木儿在怀庆一带长期对抗明军，朱元璋由此迁怒于民，大肆屠杀，怀庆一带几成无人荒野。相反，山西则因太行山的庇佑，战乱极少，并且连年风调雨顺，当地百姓繁衍生息，生活殷实，导致周边省份难民大量涌入，造成人口急剧膨胀，甚至出现人多地少的窘境，社会矛盾比较突出，不稳定因素陡然上升，于是明朝政府决定由山西向河南移民。

洪武四年（1371年）春天，数以万计的农民在新朝政府的政令下从山西洪洞县出发，穿越太行陉道，来到人烟稀少、土地荒芜的怀庆府。明朝政府在怀庆府设有移民安置点，负责移民的安置工作，移民在这里集中后便被分派到怀庆府各县，自行寻找合适的居住地。移民中有一青年名叫陈卜，祖籍山西泽州东土河村，时因家乡连年遭灾，逃荒到洪洞，此时又与妻儿一起被裹入移民队伍之中。经过短暂的休整后，陈卜一家和一部分移民被分派到沁河南岸的温县境内，此处北距沁河岸边 3 公里，旁边有一条小河流过，陈卜察看地形后觉得此处风水不错，适合耕作，便在这个地方居住下来。后因陈卜为人忠厚，精通拳械，深为近邻乡民所敬重，故称此地为"陈卜庄"。当时的陈卜庄，田野荒芜，遍地荆棘，陈卜带领村民风餐露宿，开荒种地，受尽辛劳，陈卜庄也逐渐成形。令陈卜和其他村民没有想到的是，这个地方地势低洼，每年汛期河水暴涨，淹没农田，粮食产量极低，生活相当艰苦，陈卜只好寻找新的居住地。洪武七年（1374 年），陈卜合家迁往常阳村。常阳村位于温县城东 5 公里处，西北距陈卜庄 7 公里，南临黄河，北负一岭（清风岭），因处河北岭南故称"常阳"。常阳村土地肥沃，旱涝保收，因村中有一条南北深沟穿过，再也没有出现河水泛滥和雨季淹没庄稼的情况。随着陈氏家族人丁繁衍，常阳村易名为"陈家沟"。经过数代人的努力，陈氏家族的生活逐渐安定富足起来，蔚然成当地一大家族。

第二节 太极拳形成的历史背景

黄河流经温县境内后，南岸一大支流洛水在巩义市洛口以北投入黄河母亲的怀抱，一清一浊两水交汇形成了天然的太极图形。通过这个自然现象触发灵感，人文始祖伏羲演绎出八卦。《周易·系辞上》说："是故易有太极，是生两仪，两仪生四象，四象生八卦……天地变化，圣人效之。天垂象，见吉凶，圣人象之。河出图，洛出书，圣人则之。"河图、洛书被誉为"中国先民心灵思维的最高成就"，早已成为中华儿女灵魂的文化渊源，太极则代表了河洛先民对宇宙及世界万物的认识水平，折射出古代圣贤的大智慧。诞生、成长、发展、繁荣于河洛大地的河洛文化，不同于其他的地域文化，它在中国传统文化的形成与发展过程中长期处于主导地位，是中国传统文化重要的组成部分。

黄河温县段南岸河洛交汇处

春秋战国时期，出现了学术思想上的百家争鸣局面。道家的鼻祖李耳（老子）在洛阳担任东周王室的史官，他的学说被整理成《道德经》，成为道家学派的经典，影响深远。前期法家的代表人物邓析是郑国人，申不害是京（今荥阳）人，法家学说的集大成者韩非是韩国人，河洛地区是法家思想兴盛的地区。洛阳人苏秦、苏代是纵横家的著名代表人物。春秋战国时期河洛地区的学术思想十分活跃。

两汉时期是河洛地区文化较辉煌的时期，河洛地区人才辈出。洛阳人贾谊、颍川（今禹州）人晁错是西汉著名的政论家和文学家，作品影响深远。洛阳人桑弘羊是当时重要的"理财家"，留下了宝贵的经济思想遗产。颍川人褚少孙是知名的史学家，洛阳人桑钦则是伟大的地理学家。东汉时佛教开始传入洛阳，并建立了中国内地第一座寺院——白马寺，译出了第一批汉文佛经。中国的原始道教——张角的太平道也在这里传播，河洛地区开始成为宗教的圣地。

魏晋时期何晏、王弼等人在洛阳首倡玄风，洛阳人郭象有《庄子注》传世，竹林七贤也曾在河洛地区活动，洛阳是当时全国的玄学中心。洛阳是正始文学的中心，"洛阳纸贵"说明了当时文学的兴盛。北魏迁都洛阳以后，洛阳、嵩山一带又成为北方的佛教圣地。

唐代河洛地区的文学成就极其辉煌。巩县人杜甫被人们称为"诗圣",其诗作被称为"诗史"。洛阳人元稹和白居易同倡新乐府运动,世称"元白"。这一地区的著名诗人还有刘禹锡、李贺、李商隐、王湾等,都留下了脍炙人口的作品。河阳(今孟州)人韩愈是当时古文运动的领袖,名列唐宋八大家之首。在艺术方面,阳翟(今禹州)人吴道子画技高超,被尊为"画圣"。隋唐时期,河洛地区的佛教臻于极盛。建寺度僧、凿窟造像、佛经翻译、佛事活动与北魏相比有过之而无不及。佛教各宗派在此时形成,嵩山少林寺被称为"禅宗祖庭"。缑氏人玄奘西行求法,为印度佛教的东传作出了巨大贡献。

北宋时期,邵雍、司马光、程颢、程颐等著名学者云集洛阳。司马光在这里完成了中国第一部编年体通史《资治通鉴》。程颢、程颐兄弟师承周敦颐,他们的学说后世称"洛学",被朱熹等人继承和发展,史称"宋明理学",成为宋、元、明、清时期重要的统治思想,其影响长达千年之久。

温县毗邻黄河,地处中原腹地,陈家沟距洛水入黄河处很近。远古的文明深深地浸润着这片土地,各流派的哲学思想也向这里辐射、传播和渗透,并生根、结果。这里曾产生过许多杰出的思想家、科学家、政治家、军事家、文学家和艺术家。他们的思想、理论、智慧和成就,丰富了中国优秀传统文化,对中华民族文化的发展产生了积极的影响。

需要特别指出的是,宋代理学的创始者周敦颐,援道、佛入儒,融三教入《易》,推动了儒学的发展,使儒学重获新生。他所提出的太极、主静、至诚、无欲、气等理学基本概念,为后世的理学家反复讨论和发挥。他把《老子》的"无极"、《易传》的"太极"、《中庸》的"诚"以及阴阳五行学说等思想和道教陈抟的《无极图》进行熔铸改造,提出了一个简单而又系统的图形(五层太极图)结构,演绎了天地人的形成。他说:"无极而太极。太极动而生阳,动极而静,静而生阴,静极复动。一动一静,互为其根……"周敦颐描绘的太极图虽然简单,但内涵丰富,造型完美，它不仅包含宇宙、生命、物质、能量、运动、结构等内容，还可以揭示宇宙、生命、物质的起源，并且为后世太极拳的产生提供了丰富、深刻的理论依据。

《太极拳论》开篇就说："太极者，无极而生，动静之机，阴阳之母也。动之则分，静之则合……"充分说明了太极拳理论与《太极图说》的一脉相承。陈式太极拳第十六世传人陈鑫说太极拳"理根太极，故名曰太极拳"，又说"拳以太极名，古人必有以深明乎太极之理，而后于全体之上下、左右、前后，以手足旋转运动发明太极之蕴，立其名以定为成宪"，还说"学太极拳，学阴阳开合而已"。

第三节　陈王廷始创太极拳

一、继承家传武学，保家卫国

陈氏始祖陈卜全家定居常阳村（陈家沟）后，勤劳耕作，兴家立业。为了保卫桑梓不受地方匪盗危害，精通拳械的陈卜在村中设立武学社，闲暇时教授子孙习拳练武，传授108式通臂长拳（简称108式长拳），以耕读习武传家，家风厚重，在附近十里八乡渐有名气。

陈纲为陈卜之子，现在陈家沟的陈姓是陈纲独子陈琳的后裔，故陈家沟有"卜爷子孙琳爷后"之说。陈卜及其后代六世同堂，习拳练武，代有高手。传至陈王廷，已经是第九世。

陈氏祖传拳术套路较多，既有徒手套路，又有器械套路；既有演练套路，又有实战（交手）套路。108式长拳共有9个母式套路，俗称108式。另有行拳诸类：包括24式套手、缠手套手、四大名手（即扳搂扶捌）套手、"八大金刚"（即扳八招、搂八招、扶八招、捌八招、肘八招、炮八招、掌八招、腿八招）套手、七十二拿、三十六跌等，还有气功以及多种传统器械，计18种之多，乃为108式9个母式套路之子。

陈氏祖传108式长拳传至陈氏十一世陈正如后，陈正如将此拳术传给外姓弟子郭永福，郭永福将此拳带往山西苏堡，改名为无极通背缠拳（即洪洞通背拳），传授给张秀德、贺怀璧，流传下来。而陈家沟却从此无人演练，以至失传。1974年，陈氏十九世陈立清携弟子申武云两下山西通背拳传人许方庆处，得寻祖遗108式长拳，才使失传有年的祖传108式长拳归宗。108式长拳谱与无极通背缠拳师传老本相对照，仅有个别文字之差，实为同质异名。

陈氏108式长拳式式相扣，拳法多变，结构紧密，"精存于内，气行于身，神通于背，功成于恒"。内含顺缠逆缠，顺绕逆绕，得手而缠，随手而缠，以缠绕求进求化，以小力胜大力循"四两破千斤"之法。108式长拳虚中有实，实中有虚，轻沉兼备，内含刚柔，周身相随，气势贯通。练拳时须平心静气，身神意念专一。时快时慢，时进时退，切忌死硬，亦不可无力。招数清晰，节奏分明，似太极而快于太极，若长拳而慢于长拳。高低相辅，左右旋转，前后攻守，时喜时怒。

陈王廷从小就在家庭武术文化的熏陶下跟随其父陈抚民练习家传108式通背长拳、器械，尤其喜爱大刀。因天资聪颖，勤学苦练，昼习文，夜习武，20岁左右就掌握了全部家传武学。经史子集，纯熟于心；刀枪剑棍，烂熟于手。在陈家沟陈氏子弟中，文武兼备，出类拔萃。青年时期的陈王廷曾走镖山东，遍访当地英豪，帮助官府大破当地匪患，受到明朝的奖励，声名远播。崇祯七年（1634年），34岁的陈王廷被温县知县吴传诲任命为乡兵守备。其间，为保卫桑梓，陈王廷多次率领乡兵与北渡黄河的土寇在温县黄河滩地进行激战，有力地打击了土寇的嚣张气焰。因其惯使大刀，被温县人称为"二关公"。

陈王廷

二、感悟人生百态，推陈出新

俗话说"穷文富武"，武术世家的出现，是有先决条件的。首先是这个家族经济富裕，至少是衣食无忧，才能负担起拜师学艺的费用以及练习武术所需要的时间和精力；其次是地域民风剽悍，家族武学积淀深厚，才能达到较高的武学修为；最后要有特殊的武学奇缘，方能采众家之长，由博集约，推陈出新。如此，这个家族才能数百年精研武学，代有高手，推动武术文化的发展和创新。

陈王廷出身武术世家，其祖父陈思贵、父陈抚民均为明朝下级官吏。崇祯九年（1636年），36岁的陈王廷立志效仿戚继光考取功名，救国家于危难。是年，朝廷开科选拔武举，陈王廷知道，改变自己人生命运的机会到来了。

陈王廷对这次武举考试非常重视，并进行了积极的准备，不敢稍有懈怠。为保成功，陈王廷还与舅家表兄弟李岩、李仲切磋武艺，并相约参加三年一次的会试。

这时的明朝政权已经内忧外患，大厦将倾。外有清军窥探，烽烟不断；内有农民起义，风起云涌。考场如官场，腐败黑暗，因考官颠倒黑白，百般刁难，陈王廷怒发冲冠杀了考官，闯下大祸。

清朝建立后，各地割据势力不是遭剿灭就是被招安或蛰伏，陈王廷科考案也免于追究。立志报国而无门，身怀绝技而无用，此时的陈王廷早已心灰意懒。只有"退归岩穴"，潜心研武习文。正是这种复杂而独特的心绪和人生经历构成了陈王廷发奋造拳留世的思想认知。

知天命之年，陈王廷洞察了世事，放下了名利，潜心研究民间和军旅武术理论，搜集了包括戚继光《纪效新书·拳经》在内的大量武术经典之作，并结合自己习武的经验和感悟，并对这些资料进行整理和发挥，为创编新拳种奠定了坚实的武术理论基础。

陈王廷以自己天才的文事武功和世代习武的优势条件，在宏观的社会背景和微观的地域文化环境中，以太极学说为依据，以《黄帝内经》和《黄庭经》的养生哲理为思想，以家传108式长拳为载体，兼取各家所长，对当时盛传的其他各类拳法进行概括和总结，并在融会贯通的基础上进行了创造性发挥。创立了集强身健体、防身自卫、修身养性为一体的新拳种。其拳架吸取了《纪效新书·拳经》32式中的29个动作；其内功吸取了道家《黄庭经》中的丹功精华（黄庭即丹田）；其拳理则以太极、阴阳为体，以五行八卦为用；其运动过程，又处处强调阴阳变化和螺旋缠绕。并与好友蒋发相互切磋印证，创出了五套拳、五套捶、双人推手、双人粘枪及刀枪剑等器械套路，形成了太极拳的早期拳架。其中双人推手和双人粘枪是陈王廷独创的成就，"历代相传，成为特得之秘"。双人推手和双人粘枪以沾连粘随、不丢不顶、柔中寓刚、无过不及为基本原则，解决了不用护具设备也可以练习徒手搏击技巧和刺枪技术的问题。这是我国武术史上具有划时代意义的创造性成就。

有关陈王廷创拳的根据和理论成就，现摘录两篇：

长短句

叹当年，披坚执锐，扫荡群氛，几次颠险。蒙恩赐，枉徒然！到而今，年老残喘，只落得《黄庭》一卷随身伴。闲来时造拳，忙来时耕田，趁余闲，教下些弟子儿孙，成龙成虎任方便。欠官粮早完，要私债即还，骄谄无用，忍让为先。人人道我憨，人人道我颠，长洗耳，不弹冠，笑煞那万户诸侯，兢兢业业不如俺。心中常舒泰，名利总不贪。参透机关，识破邯郸，陶情于鱼水，盘桓乎山川，兴也无干，废也无干。若得个世境安康，恬淡如常，不忮不求，听其自然。哪管它世态炎凉，权衡相参，成也无关，败也无关。不是神仙，谁是神仙。

拳经总歌

纵放屈伸人莫知，诸靠缠绕我皆依。
劈打推压得进步，搬撂横采也难敌。
钩棚逼揽人人晓，闪惊巧取有谁知？
佯输诈走谁云败？引诱回冲致胜归。
滚拴搭扫灵微妙，横直劈砍奇更奇。
截进遮拦穿心肘，迎风接步红炮捶。
二换扫压挂面脚，左右边簪庄跟腿。
截前压后无缝锁，声东击西要熟识。
上拢下提君须记，进攻退闪莫迟迟。
藏头盖面天下有，攒心剁胁世间稀。
教师不识此中理，难将武艺论高低。

陈王廷后，陈氏后人对其初创的太极拳不断修正、补充和完善，又经过百余年的发展，陈氏第十四世孙陈长兴以其博大、开放、包容的胸襟，把陈式太极拳无私传给了外姓人杨露禅，从此开启了太极拳对外传播走向世界的新局面。

第四节　陈式太极拳的文化特色

一、鲜明的技击特色

陈氏家传108式长拳是陈氏家族安身立命的根本，随着陈氏家族的繁衍壮大，108式长拳又派生出一系列各具特色的套路形式，如24式套手、缠手套手、四大名手套手等，这些拳套极具攻防技击。陈王廷初创的太极拳术，不可能完全抛弃家传拳术另辟蹊径，只会在原有的基础上创新和改造，这一点从陈王廷遗诗《长短句》可见一斑。在"披坚执锐，扫荡群氛，几次颠险"的险恶环境中，仅靠掤、捋、挤、按、采、挒、肘、靠是不足以击退强敌的。另外，陈王廷《拳经总歌》七言22句歌诀中有20句是描述攻防技击战术的，其中"穿心肘""红炮捶""挂面脚""庄跟腿"等动作继承了中国武术"宁挨十手，不挨一肘""手是两扇门，全凭脚打人"的传统。而"纵放屈伸""诸靠缠绕""搬摆横采"也隐约体现了太极拳的某些特征。与当今其他太极拳流派相比，陈式太极拳还保留着刚柔相济的技术特色，特别是二路炮捶，在其他流派的太极拳中已不见踪迹。

所以，作为太极拳源头的陈式太极拳在现代发展中，并没有因其功能和作用的多样性发展而发生变异，其攻防技击的特性得到了很好的保留，而其外在表现形式以及刚柔相济、快慢相间、蹿蹦跳跃、松活弹抖等特色，仍然是陈式太极拳区别于其他太极拳的重要标志。

二、包容的文化品格

攻防技击是武术拳种的本质特征。这种特征由表现于外（长拳）到隐藏于内（太极拳），由直线运动转变为圆周运动，不仅是运动形式的变化，更是思想观念的转变。没有思想观念的创造性转变，也就不可能有行为方式的改变，更不可能有运动形式的改变，正是有了这种转变，才有了现在风靡世界的太极拳。当然，从长拳到太极拳的创造性转变在中国武术发展史上具有里程碑的意义，这种里程碑意义集中体现在它既保留了传统武术攻防技击的本质，又融合和吸收了传统哲学、医学和养生的有益成分，使其不仅符合宇宙大道，更符合生命规律。

首先，利用传统医学的经络学说指导家传长拳的练习，提出"缠丝劲"的概念，进而用《黄庭经》的养生理论和修炼方法丰富缠丝劲内涵，用以增进内功修为，不仅提高了家传长拳的技击威力，还使其运动方式更加隐蔽，与人交手时能起到神奇的效果：以弱胜强、以柔克刚、以慢制快、以小博大、四两拨千斤。因此，缠丝劲就成为陈式太极拳的"独得之秘"。正如陈王廷在《长短句》所述："到而今，年老残喘，只落得《黄庭》一卷随身伴。"陈式太极拳要求一举一动都要有缠丝劲，正好与中医的经络学说完全一致。所以，缠丝劲不仅可以提高对抗技能，也能起到强身健体的医疗保健作用。

其次，把道教太极图作为缠丝劲的象征图徽，用形象直观的图解表达缠丝劲的意蕴和传统医学的气血理论，并且在指导理论上以周敦颐《太极图说》为蓝本，借鉴宋明理学的无极、太极、阴阳、动静、开合等学术概念，以及张载气学和王阳明心学的理论成就，用以构建新拳术的思想和理论体系。《太极拳论》《太极拳释名》《陈式太极拳图说》无不有这种脱化的痕迹。陈式太极拳非常重视内劲，即丹田内转法的锻炼，待到丹田真气充盈后就可以带动腰脊转动进而产生全身螺旋运动。这种内气运转就是缠丝劲的实质，这就是太极图与太极拳密不可分的原因。

三、和谐的竞技理念

太极拳推手是太极拳运动体系的重要组成部分，它不仅是太极拳技法正误的重要检验方法，也是太极拳技法由练到用不可或缺的重要环节。

可以说，没有推手对技击动作的校验，太极拳实战效果就会大打折扣，也就不会有"纵放屈伸人莫知，诸靠缠绕我皆依"的使用效果。陈王廷把缠丝劲融合到技击动作中，并且用"圆"的原理指导运动实践，充分利用人体各个关节的灵活性和统一性，彻底改变了传统武术"有力打无力，手快打手慢"思维定式，把以柔克刚、以弱胜强、四两拨千斤的实战用法潜隐于缠丝劲动作之中，充分发挥意识的能动作用和"上兵伐谋"的军事战略思想，不失为一种极富哲理的聪明拳和智慧拳。但是这种极具神奇效果的运动形式不是每个练习者都能掌握和洞彻的，必须有相应的锻炼方法才能实现。天才的陈王廷就依据太极图阴阳相生相克、此消彼长、循环往复的规律，创造了双人推手技术。双人推手技术的出现，不仅降低了双人竞技时伤害事故发生的概率，还能有效检验练习者对技击动作的掌握程度和运动实践能力，锻炼肢体的灵敏性和大脑的应激性，达到"人不知我我独知人"的境界。正是在陈氏双人推手技术的基础上，才形成了现代太极拳由浅入深的系列推手方法。

四、多元的社会价值

随着社会的发展、科技的进步，人民的生活水平不断提高，物质和精神需求也呈现多元化的趋势，武术的技击作用因缺乏市场正渐渐退出历史舞台。伴随着我国法治社会建设和小康时代的到来，太极拳的技击性也逐渐被淡化和弱化，但保留相对的技击技术还是必要的，因为其能满足社会的多元化需求。动乱年代，太极拳的技击性可以起到克敌制胜、防身自卫的效能。而和平时期，太极拳的强身健体、修身养性功能得到充分展现，更有娱乐表演、教育教化等新功能被发挥和挖掘。我们不能因为突出了太极拳的娱乐表演功能就否定它，说它不是太极拳；更不能把古人的文献记载作为客观标准来衡量现在的传承人和练习者。当然，太极拳流派的主要传承人更不能用一些花拳绣腿来蒙蔽不明就里的爱好者，更不能让太极拳走向神学和玄学。太极拳是一门技术、一种方法，是一种改变练习者思维模式和行为方式的方法，任何夸大或贬低太极拳某一功能和作用的说法都是片面和不负责任的。科学发展到今天，完全可以解释太极拳的神秘性，还大家一个真实的太极拳，满足不同练习者的需求。

一种技艺的传承，不能靠几个人，而是要靠一群人孜孜以求才能实现。保持太极拳文化的先进性，必须让太极拳走下神坛，服务大众，用科学的方法指导太极拳运动，用科学的方法阐述太极拳的原理，只有这样，太极拳才能保持其旺盛的生命力。太极拳是一部无字的书，无论是楷书、隶书还是行书、草书，都可以随心写就；太极拳是一壶浓郁的茶，不管是红茶、绿茶，还是白茶、黑茶，符合自己口味的都是好茶。

第五节　太极拳其他流派的形成与特点

从陈王廷创拳开始，陈式太极拳就在陈氏家族内部世代传承。陈家沟练习太极拳之风甚盛，妇孺皆知，"喝口陈沟水，都会翘翘腿""会不会，金刚大捣碓"在一定程度上反映了当时陈家沟人练拳的盛况。这种风气世代沿袭，经久不衰，使得历代名手辈出，其中陈长兴的贡献尤为突出。

陈长兴（1771—1853），字云亭，陈氏十四世孙，陈式太极拳第五代传人。自幼习武，功底深厚，拳艺超群。曾以保镖为业，走镖山东，在武术界享有盛名。据传，他在戏台前看戏，任凭人群东推西搡，身体丝毫不动，时人送其雅号"牌位大王"。陈长兴不仅功夫深厚，德高望重，还思想开明，极具创新精神，他将家传太极拳套路由博归约，精炼归纳，改编为迄今广为流传的陈式太极拳一路、二路（炮捶）。一路拳柔多刚少，二路拳刚多柔少，两路拳刚柔相济，体用合一，后人称其为"太极拳老架"。除了将家传拳法推陈出新外，陈长兴在理论方面也颇有建树，他所撰写的《太极拳十大要论》《太极拳用武要言》《太极拳战斗篇》等文论也奠定了太极拳的早期理论基础，在太极拳界享有盛誉。而其最突出的贡献是打破门规，将家传太极拳毫无保留地传授给了外姓人杨露禅，由此开启了太极拳对外传播的大发展。

一、杨式太极拳的形成及特点

杨式太极拳，创自杨露禅。杨露禅（1799—1872），名福魁，河北广平府（今永年区）人，自幼好武，因家贫，迫于生计，在广平府西关大街中药字号太和堂中当伙计，这家药店为河南温县陈家沟人陈德瑚所开。温县自古就是怀山药、怀地黄、怀菊花和怀牛膝的主产地。陈德瑚见杨露禅为人勤谨，忠实可靠，又聪明能干，便派他回温县陈家沟家中做工，帮忙打理药材的收购和贩运工作。此时，恰逢陈长兴借用陈德瑚家空院授徒，一来二往，便留下了一段杨露禅"偷拳"的武林佳话。

关于"偷拳"这段武林佳话，尽管有人怀疑其过程的真实性，但却不能否定其对于太极拳发展的重要意义。陈式太极拳"四大金刚"之一的王西安大师曾讲过，太极拳手把手教学员还学不会，怎么可能偷得走。相信那些资深太极拳名家也会有同感。另外，在等级分明的封建社会，宗法制度森严，武林门规戒律严格，把家传拳术传给外姓人，是要承担巨大风险的。但是，如果换一种思路，"偷拳"也许是一种更高明的智慧。首先，假借"偷拳"可以掩人耳目，规避家族和武林门规带来的风险。其次，通过"偷拳"也间接肯定了杨露禅的练武天分和道德品行。当然了，这也从另一个侧面说明陈长兴不仅是一位德艺双馨的拳师，还是一位开明、智慧的武术家。或许还有另外一种可能，那就是陈长兴倾囊传授给杨露禅的并不是陈氏家传的太极拳拳法，而是另外一套将要失传的太极拳拳法。这有待更多实证资料来证明。

杨露禅学成回到永年后以教拳为业，名气越来越大，后经人介绍到北京端王府做教习，清朝的王公贵族也多向他学习。由于他武技高超，在京城鲜有对手，人们送其"杨无敌"的美誉。后来，杨露禅根据教学实践，不断发展已有拳架，又经其孙杨澄甫（1883—1936）一再修订，遂定型为现代最为流行的杨式太极拳。

杨露禅有三子，长子杨凤侯早亡，次子杨班侯（1837—1892）和三子杨健侯（1839—1917），各有所长。杨班侯脾气火暴，偏重太极拳的技击作用，承父"杨无敌"之称号，在北京名噪一时，有"杨露禅闯天下，杨班侯打天下"之说，为太极拳在高手如云的北京树立了威名，并继而推动了太极拳在全国的快速普及和传播。杨健侯性格温和，更重太极拳的健身作用，且收徒众多，所传为中架。1928年以后，杨健侯三子杨澄甫到南京、上海、杭州、广州、汉口等地授徒，其拳技遂流传于全国各大城市。

杨式太极拳经过祖孙三代人的不断修正，其拳路删改了陈式老架中原有的纵跳、震足、发劲等动作，由杨健侯修订为中架，又经杨澄甫一再修订逐渐定为大架。其拳架舒展简洁，结构严谨，身法中正，动作和顺，刚柔内含，轻松自然，轻灵沉着兼而有之。姿势开展，平正朴实，练法简易，由松入柔，积柔成刚，刚柔相济。正如杨澄甫所说："太极拳是柔中寓刚、绵里藏针的艺术。"在继承和发展杨式太极拳的过程中，杨家人非常善于经验总结和理论研究，相继刊印《太极拳使用法》《太极拳体用全书》《太极拳讲义（拳术）》等著作，丰富了太极拳言传身教的传授途径，开创了太极拳快速普及的新局面。

二、吴式太极拳的形成及特点

吴式太极拳，创自吴鉴泉。其父全佑（1834—1902，满族人）在端王府当差，适逢杨露禅受聘端王府教习太极拳，全佑得以面对面聆听杨露禅的教导，后又拜在杨露禅二子杨班侯门下学习小架。经数年勤学苦练，不断钻研，逐步将杨露禅大架和杨班侯小架融会贯通，自创太极拳功架。吴鉴泉（1870－1942，从汉姓吴），自幼随父全佑学太极拳，在学习与研究杨式太极拳的基础上，通过数十年的实践和修订，形成以柔化为主的一种动作紧凑、大小适中的拳术，即流传至今的吴式太极拳。

吴式太极拳以柔化著称，动作轻松自然，连续不断，独具静态之妙。拳架虽然小巧，但具有大架功底，开展中紧凑相随，紧凑中舒展自具，不显拘束。推手时，端正严密，细腻熨帖，守静而不妄动，以善化见长。

吴鉴泉有两子一女。长子吴公仪（1900—1970），天资聪明，勤谨好学，弱冠即代父教学，曾任黄埔军校高级班太极拳教官，兼中山大学体育系讲师；1937年在香港成立鉴泉太极拳分社，担任社长，并在新加坡、吉隆坡、马尼拉等地设立分社，使吴式太极拳风靡海外。次子吴公藻（1901-1985），以理论见长，著作甚多；1929年于上海精武体育会任教；1937年南下香港，与兄吴公仪共同建立香港及澳门鉴泉太极拳社；1980年在香港出版《吴家太极拳》一书，是吴式太极拳的经典著作。

三、武式太极拳的形成及特点

武式太极拳，创自河北永年人武禹襄。武禹襄（1812-1880），名河清，自幼习文好武，性孝友，尚侠义，与杨露禅是同乡，关系较密，曾随其学习陈式太极拳，得其大概。1852年，40岁的武禹襄亲赴河南，求学于温县赵堡镇陈清平学习赵堡太极拳一个多月，得其精妙，并从其长兄武澄清处得王宗岳《太极拳谱》，读后大悟。

武禹襄在陈清平处学习赵堡太极拳得其精妙后，把实践与《太极拳谱》的理论相结合，潜心研练，细心揣摩，融会贯通，并与精于武技的壮士试招印证。几年后，创出一种姿势紧凑、动作舒缓、身法端正、步法轻灵的太极拳练习新方法。这种方法既不同于陈氏老架和新架，也不同于杨氏大架和小架，自成一派，后人称之为"武式太极拳"。

武式太极拳动作简洁紧凑，架势虽小却不局促，动作舒缓平稳，出手不超过足尖，收时不紧贴于身，左右手各管半个身体，不相逾越。胸部、腹部的进退旋转始终保持中正。步法严格，虚实分明，小巧灵活，迈步时足尖先着地，然后再足跟着地徐徐放下全足踏平。弓步时前腿膝盖不超过足尖，后腿不挺直高拔。拳势讲究起、承、开、合，动作连贯顺遂，虚实转换以"内气潜转"来支配外形，以意行气，以气运身，意到气到，意到力到，意、气、形三者合一。

武禹襄出身书香门第，两位兄长均在外地为官，只有他独居乡里，以教书为业，结合《太极拳谱》和赵堡太极拳实践，衍写出《太极拳解》《十三势行功要解》《身法八要》《打手撒放》《四字秘诀》等著作。这些著作为后人留下了宝贵的理论知识，并被历代太极拳家奉为经典。武禹襄的门徒中以其外甥李亦畲功夫最好，李亦畲又将武式太极拳传给了郝为真，推动了武式太极拳的发展和传播。

四、孙式太极拳的形成及特点

孙式太极拳创自河北完县（今顺平县）人孙禄堂。孙禄堂（1860—1933），名福全，字禄堂，别号"赛活猴"。早年随形意拳大师郭云深学习形意拳，并从八卦掌大师董海川弟子程廷华学习八卦掌。后来因照顾病中的郝为真（武禹襄传人）而蒙其传授太极拳。

1918年，孙禄堂经过自己数十年深修研悟，将形意拳、八卦拳、太极拳三门拳术从理论到内容提纯升华，融合为一，自成一家。孙式太极拳进退相随，进步必跟，退步必随，舒展圆活，敏捷自然。全套动作虚实分明，如行云流水，绵绵不断。每转身时以"开合"相接，所以又称"开合活步太极拳"。

孙禄堂曾受聘担任中央国术馆武当门长、江苏省国术馆副馆长兼教务长等职。他把武术前辈所传拳术套路和拳理真髓与自己的习武心得融会贯通，提出"拳与道合"的武学思想，并以此为指导完成形意、八卦、太极三拳合一的理论和训练体系。自1915年至1932年，孙禄堂前后撰写出版了《形意拳学》《八卦拳学》《八卦剑学》《太极拳学》《拳意述真》《论拳术内外家之别》等重要专著和文章，为后世的武术理论研究奠定了基础。其女孙剑云亦著有《孙式太极拳》。

五、和式太极拳的形成及特点

和式太极拳,创始于温县赵堡镇和兆元。和兆元(1810—1890),字育庵,出于中医世家,15岁问学于本镇太极拳名家陈清平。因其天资聪颖,活泼机敏,勤奋好学,尊师重道,遂成为陈清平的入室弟子。1836年随姐夫李棠阶[①]进京,1849年返乡。在京期间,受李棠阶影响,和兆元潜心理学经典,遨游于天人之际,陶醉于心气之间,并学以致用,把理学经典与太极拳实践相结合,以理讲拳,以理用拳,重新构建了陈清平所传太极拳的理论框架。返乡后继续问拳于陈清平,常代师授拳,讲授拳理,得到陈清平的高度评价,认为其拳架、推手、散手三者合一,技击、养生、修身体用一致,兼具理学精义,确有创新发展,可以自成一家,按姓氏名"和式太极拳"。因其举手投足妙合大道,又称"代理架"。和兆元为感师恩曰:"和式太极拳仍以赵堡传承排列,标异不分宗。"故继续以赵堡地名名之,但"拳不出村"。直至20世纪30年代郑伯英等在西安传拳,流传于世,才从和姓,称为和式太极拳。和兆元的曾孙和有禄说:"和式太极拳始自和兆元。兆元公(1810~1890)是河南省温县赵堡镇人,师承本镇太极拳名师陈清平,是陈清平的大弟子。"[②]

和式太极拳最突出的特点就是"耍拳",行功走架如孩童玩耍般活泼自然。拳架有三直、四顺、六合等要求,有不坐腕、不折腕、不塌腰、不翻臀等规矩,这些要求和规矩符合人体结构的顺遂自然状态,是"带着道理"的太极拳。

和兆元有四子,长子润芝、次子勉芝、三子敬芝、四子慎芝均得真传。和润芝兼承家传医术,精中医内科,受人敬仰;和敬芝文武兼备,曾在河朔书院讲学,著有《高手武技论》。现今,和式太极拳第六代传人

[①] 李棠阶(1798-1865),字树南,号文园,又号强斋。清朝道光年间进士,先后任翰林院庶吉士、编修、侍读、太常寺少卿、工部尚书、礼部尚书、军机大臣等职。

[②] 和有禄:《和式太极拳谱》,人民体育出版社,2003,第1页。

和定乾、和有禄的弟子已经遍布全国各地，和式太极拳也走向了世界。

值得一提的是，1849年和兆元返乡后又跟随陈清平完成了全部学业，并代师授艺。1852年武禹襄问拳陈清平，并在赵堡镇停留一个多月，随后"精妙始得，神乎其技"。这期间，除了陈清平的悉心传授，和兆元一定也在拳学上给予武禹襄很大的帮助。和兆元比武禹襄大两岁，两人在年龄、学识、性格、爱好等方面都近乎相同，和兆元以精湛的技术与武禹襄的拳谱理论相互印证，以至武禹襄的太极拳能够在短时间内"速成"。

综上所述，杨式太极拳、吴式太极拳直接或间接传承了陈式太极拳的衣钵，而和式太极拳、武式太极拳、孙式太极拳直接或间接派生于赵堡太极拳，所以，中国武术协会把焦作市温县命名为"中国武术太极拳发源地"是有历史根据的。除了以上六家广为流传的太极拳流派之外，还有李式太极拳、郝式太极拳、忽雷太极拳等，均在武术界产生了一定影响，它们的存在与发展，为中国传统武术百花园增添了更加绚烂的色彩，为太极拳的百花齐放和多元文化发展作出了自己的贡献。

第六节　太极拳的发展历程

以第一次鸦片战争为标志，中华民族拉开了近代历史的帷幕，中国传统武术太极拳与其他拳种一样，被迫开始了艰难的现代化进程。晚清时期，置身于水深火热的时代洪流，传统武术人的各种爱国壮举奏响了国难当头的时代悲歌，太极拳在这一时期完成了其发展格局。民国时期，受制于动荡不安的社会环境，太极拳的发展进入萧条期，只能在传统武术的大框架下默默发展、执着前行。新中国成立后，太极拳面临着保持其特色与融入奥林匹克运动的双重挑战。

一、晚清时期太极拳的发展

几千年的农耕社会具有巨大的历史惯性，而被这种历史惯性推动前行的普通民众并没有注意到世界的另一端已经进行着轰轰烈烈的工业革命。19世纪中叶，当古老的中华大地依然安逸于传统而保守的生活之时，在世界的另一端，以英国、法国为代表的西方资本主义列强却早已开始从欧洲大陆向外扩张。工业科技的巨大威力和追逐财富的资本本能，使得富饶而内敛的华夏农耕文明注定要经受血与火的磨难与洗礼。第一次鸦片战争，清政府闭关锁国的大门在西方坚船利炮的轰炸中被击得粉碎，自诩强大的精兵强将也在先进的军事科技面前不堪一击。从此，中华民族步履维艰地进入满含血泪、屈辱的近代历史。鸦片战争的失败在以传统武功自慰的国民心灵上抽打出道道血印，《南京条约》《马关条约》《辛丑条约》等一系列丧权辱国的协定更是将中华民族推进了半殖民地半封建社会的深渊。痛定思痛，围绕中西文化的优劣对比和对中华文化未来出路的思考成为社会精英无法回避的时代主题：无论是洋务运动、戊戌变法还是辛亥革命，无论是实体救国、制度改良还是思想启蒙，持久而激烈的争论无不反映出各界精英对于民族命运的空前关注和身体力行。

以社会底层民众为主体、以俗文化为主要特征的传统武林人士很难像其他社会精英一样对社会巨变做出激烈反应，仍旧在封建社会巨大的历史惯性推动下执着前行。如杨露禅三下河南温县陈家沟，历时18年，师从陈长兴完成学业，晚年创杨式太极拳；杨露禅收满族人全佑为徒，后全佑之子吴鉴泉，得其家学创吴式太极拳；武禹襄自幼好武，曾问学于同乡杨露禅，40岁时亲赴河南，求学于温县赵堡镇陈清平，晚年创武式太极拳；河北完县人孙禄堂师从武禹襄徒弟郝为真，融形意拳、八卦掌与太极拳为一身，创孙式太极拳；河南温县赵堡人和兆元，15岁师从本镇太极拳名家陈清平，创和式太极拳。也就是说，从1820年至1920年的100年时间里，太极拳基本完成了其发展格局，形成了较大的传播规模。

太极拳主要流派集中在这一时期相继产生，为中国传统武术增添了新的内容。得益于社会变革和新文化运动的深刻影响，太极拳流派的形成和新文化思想的融入，一方面为传统武术增添了文化色彩，极大地丰富了武术文化的内涵和外延，另一方面又极大地提升了武术的文化品位并最终奠定了中国传统武术的学理基础。

然而，正当太极拳逍遥乡野、快意江湖的时候，外面却在酝酿着一场疾风暴雨。在国难当头、皇室权贵争相逃避之时，数十万计的以传统武术拳械武装而成的义和团将士向八国联军宣战，他们捣毁教堂，进攻使馆，打击了八国联军的嚣张气焰，展现了中华儿女不畏强暴刚健有为的传统品质。虽然义和团运动最后在中外势力的镇压下失败了，但与武术一脉相承的爱国主义、自强不息等民族精神却日益彰显出积极的时代价值。

义和团运动是中国传统武术在封建社会最后一次大规模的技击实践，从此，中国武术就以弱者的形象悲壮地面对着战斗力更为强大的西方现代武器，引起后人的深刻敬意和无尽感叹。西洋火炮的肆意轰炸，不光烘托了武林志士的刚健有为，也凸显了武术技击功能的时代局限，中国传统武术也在轰轰烈烈的义和团运动后悲壮落幕。

历史的车轮滚滚前行，中国传统武术也在时代的巨变中积极找寻着自己的出路。

二、民国时期太极拳的发展

1901年，武举制废除，武林人士也因此失去了进入仕途的传统路径，加上清政府对传统武术的高压政策，其活动被迫从公开转为秘密进行，传统武术发展进入了萧条期，太极拳也只能在传统武术的大框架下，默默前行。

民国时期，在一些社会名流和武术精英的共同努力下，传统武术的功能和作用被重新重视，强国强种的呼声不断涌现，政府的相关职能部门也因势利导，武术开始与学校教育接轨，一些武术社团组织纷纷成立，一些民间武术家也顺应时代的需要，对传统武术的技术体系和训练方法进行改良和创新，一场以国民身体改良为目的、以尚武图强为主题的传统武术革命在国内迅速兴起，并且在文化界引起了强烈反响，传统武术从幕后走到了台前。

马良发起的中华新武术改良活动成为当时传统武术转型的先声。这位毕业于北洋武备学堂，担任过北洋常备军辎重营管带、济南卫戍司令官、北京国民政府顾问等要职。他利用自己的职务便利和特殊身份，多次邀集当时知名武术家借鉴西洋兵操的练习方法对中国武术训练方法进行改良实验，创编教材《中华新武术》。1918年，马良署名编著的《中华新武术》系列教材由上海商务印书馆正式出版，民国教育部也通令"中华新武术"为全国各大、中学堂规定教育内容，1919年经国会辩论通过成为全国学校正式体操。虽然中华新武术在当时五四新文化运动的背景下像一道流星划过夜空，转瞬即逝，但是，"其以西方现代兵操为参考的改良方式，不仅继承了中国武术从单招到组合、从技术到功法、以招法到实战的拳学内核，同时也打破了武术一贯的由一脉单传到秘不示人的传统积弊和由口传心授到一气呵成的千年藩篱，从而使传统武术以一种简洁、直观、规范、统一的形式迅速进入各界民众尚武自强的滚滚洪流之中"①。

上海精武体育会与南京中央国术馆的成立也极大地推动了传统武术改革的进程。1910年，霍元甲在上海各界同仁的协助下创办了"上海精武体操学校"，后改名"上海精武体操会"，积极弘扬中国传统武术，其成立之初，明显带有西洋兵操的影响与痕迹。1916年，"上海精武体操会"

---

① 申国卿：《中华复兴视角下的近代武术发展》，《武汉体育学院学报》2014年第9期。

更名"上海精武体育会"。精武体育会以"体、智、德"三育为宗旨，倡导"爱国、修身、正义、助人""强国、强民、强身""乃文乃武"的精武理念。从1910年到1920年，其会员迅速发展至1100余人，并在绍兴、汉口、广州、佛山、南昌、厦门、四川等地建立分会。1920年应国外华侨邀请，上海精武体育会选派骨干成员到香港、越南、新加坡等地区和国家宣传精武体育精神并协助建会，发展高峰时期，国内外分会达42个，会员逾40万人。为了紧跟时代的脚步，团结一切可以团结的力量，精武体育会不仅对南北武术流派兼收并蓄，还增加了英文、摔跤、拳击、球类等新内容，极大地充实和丰富了传统武术教学的内容和形式，促进了传统武术与西方体育教育形式的有机结合，在中国近代传统武术转型过程中留下光辉的一页。

如果说马良发起的中华新武术活动和霍元甲创办的精武体育会是民间精英阶层自发为中国传统武术现代化寻找出路的话，那么中央国术馆的成立则是在国家层面上推动中国传统武术的创新发展。中央国术馆成立于1928年3月，馆长张之江和副馆长李景林皆为当时民国政府的军政要员兼著名武术家。中央国术馆以"提倡中国武术，增进全民健康"为宗旨，下设有教务处、编审处和总务处，以"泛学博通"为原则，借鉴和参考西方竞技体育理念和教学方法，在武术师资培养、武术教育推广、武术体育化和竞技比赛规范化方面进行体育化革新。发展巅峰时期的中央国术馆几乎容纳了全国各个拳种流派的精英人士，并在全范围内建立了涵盖25个省、市，300多个县的高度组织化和制度化的国术馆体系。

1928年与1933年，中央国术馆在南京先后举办了两次全国国术考试，特别是第二次国术考试参赛人数达到438人。[①] 大会参考西方奥林匹克竞赛规程，制定和实践了武术拳械单练与对搏的竞赛规则，增加了评分细则，统一了对抗比赛的护具，传统武术比赛从此与西方奥林匹克运动紧

---

① 国家体委武术研究院：《中国武术史》，人民体育出版社，1997，第336-344页。

密联系，两种不同文化类型的运动形式也开始碰撞与融合，并在一定程度上促进了竞技武术的发展。正如申国卿教授所言："以中央国术馆组织的参照西方竞技体育理念和规则的两次国术竞技大赛为主要象征，中国传统武术与西方奥林匹克运动这两种不同体育文化类型之间的冲突与交融，也日益越来越明显地出现在人们的面前，西方奥林匹克运动逐渐成为近代以来中国武术发展一个无可回避的对手，同时也是如影随形的益友。"①

另外，一些民间武术家也在各自的领域为传统武术改良做着自己的努力。如一代宗师孙禄堂，将形意拳、八卦掌、太极拳三大内家拳法精要有机融合创立"三拳合一"的孙式太极拳，武术名家王芗斋汲取百家之长创立的"以桩为拳"的大成拳，著名武术家马凤图集劈挂、翻子、戳脚为一体创立的通备武学体系等，无不彰显着融通备具的创新特色。

总之，无论是民间自发的武术家，还是官方或半官方性质的武术组织，都高度契合"救亡图存，强国强种"的时代主题，在风云变幻社会进程中作出了自己独特的贡献，并为新中国体育事业的发展和改革积累了宝贵经验。

三、新中国成立初期太极拳的发展

新中国成立后，国家性质发生了根本转变，传统武术作为社会主义体育事业一个重要组成部分，其功能、地位、发展方向也发生了根本性的变化。借鉴苏联和东欧社会主义国家的体育体制，中华人民共和国于1952年成立了中央人民政府体育运动委员会。为了响应毛主席"发展体育运动，增强人民体质"的伟大号召，中国传统武术被纳入新中国体育事业的整体发展轨道，接受体育运动委员会的统一领导，其发展也呈现

---

① 申国卿：《中国武术百年转型历程研究：1900-2012》，科学出版社，2017，第70页。

出"迥然区别于晚清至民国时期的发展形式及相应状态"。①

首先,将"国术"更名为"武术"。此建议1954年由吴江平提出,得到了全国体育总会的认可。将"国术"更名为"武术",一方面反映了以吴江平为代表的武术家对于传统武术在社会巨变时期的殷切希望,另一方面也突出了时代主题,显示了与旧社会的切割,凸显了传统武术与中国国画、国医等的区别。

其次,出台了"有选择和有节制"发展武术的方针。出于国家安定团结的现实需要,考虑到传统武术在民间传播的复杂性以及一些反动会道门利用武术传播封建糟粕、诋毁新中国的行径,1955年举行的全国体育工作会议上提出了"暂时收缩,加以整顿"的方针,在全国范围内展开对传统武术的专项治理整顿,太极拳也概莫能外。

最后,武术被列为国家竞赛项目,武术套路创新成果不断。与民间武术发展的困境形成鲜明对比的是以政府主导的竞技武术发展呈现出繁荣景象。1954年中央体育学院(今北京体育大学的前身)组建第一支国家武术队。1957年,武术被列为国家竞赛项目,第一部《武术竞赛规则》问世。1958年9月,中国武术协会成立。此外,全国各大体育学院和师范学院的体育系也把武术列入正式教育课程。符合新中国武术发展的套路创新也成果显著,如张文广创编的"青年拳"、天津体育学院武术队创编的系列竞技武术套路以及1960年国家武术队出访捷克时演出的团体剑法、单练和对练套路等。另外,一些武术家还积极主张武术要向舞蹈、戏剧学习,以丰富和提高武术套路的动作规格和演练水平。

值得一提的是,24式太极拳简化套路的创编与推广直接成就了太极拳运动发展的领先地位,为传统武术在民间的发展指明了方向。1954年,国家体委对武术工作制定了"挖掘、整理、研究、提高"的方针,决定

---

① 中国卿:《中国武术百年转型历程研究:1900-2012》,科学出版社,2017,第96页。

从太极拳着手，普及开展群众武术活动。本着这一方针，国家体委组织吴图南、陈发科、高瑞周、唐豪等太极拳名家进行讨论研究，很快就完成了"精简太极拳"初稿。初稿公布后，随即进行了试点推广，但效果不太理想，普遍反映内容不够简明，风格不够突出，广泛普及存在较大困难。基于上述原因，1955年，负责武术工作的毛伯浩等人组织李天骥、唐豪等重新创编太极拳简化套路。这一次，创编组以"易学、易练、易推广"为原则，按照"先易后难，先简后繁"的编排顺序，以当时普及最为广泛的杨式太极拳传统套路为蓝本，选取其中的24个动作作为主要内容，创编而成简化太极拳，因其共有24个动作，又称"24式太极拳"。

1956年，简化太极拳一经推出，便在全国范围内迅速走红，不仅得到了各流派太极拳名家的肯定，还收获了国家领导人的赞誉。时至今日，简化太极拳仍然是全国各大院校的体育普修课程，也是全国各项武术比赛的必选项目。

"文化大革命"前期，受国内政治生态的影响，体育事业的发展几近停滞，武术训练、教学、科研活动被迫停止，太极拳的普及和传播也跌到了谷底。1972年，在中美"乒乓外交"积极作用的影响下，武术的综合文化功能也得到了相关决策者的认可和重视，并随着体育工作的有序开展走上了艰难的复苏之路。1972年在济南举行的全国武术表演大会、1974年在西安举办的全国武术比赛以及1976年以哈尔滨为主场的全国武术汇报表演大会等都预示着传统武术迎来了发展的春天。特别是1974年，受美国国务卿基辛格的邀请，中国武术代表团赴美国进行近一个月的巡回演出，所到之处，产生了强烈反响和轰动效应，有力促进了中美两国人民的相互了解，推动了两国关系正常化的发展。

四、改革开放以来太极拳的发展

1979年，中华大地从南至北刮起了改革开放的春风，和平、发展与合作成为时代主题，伴随经济体制改革和政治体制改革大步迈进，体育事业的发展也驶入快车道。为了适应国内经济社会发展情况和阶段性目标，国务院、国家发展改革委和国家体育总局相继出台了一系列指导性政策、文件，为体育事业的发展指明了方向，铺平了道路。"改革开放40年来，我国先后形成并实施了非均衡发展理念、协调发展理念、科学发展理念和新发展理念，这些发展理念不仅成为相应时期体育事业发展的重要指针，而且在体育政策制定上都做出了适配性的响应，并表现为特色鲜明的四个发展阶段，即：响应非均衡发展理念的竞技体育优先发展阶段，响应协调发展理念的体育统筹改革发展阶段，响应科学发展理念的北京奥运会全周期阶段，响应新发展理念的体育强国建设阶段。"[①]太极拳运动作为中国体育事业的一个有机组成部分，在改革开放不同阶段的政策引领下也加快了发展的步伐，取得了令人瞩目的成绩。

（一）竞技体育优先发展阶段

1984年，在全国体育发展战略、体育改革会议上正式启动了"奥运会战略"。同年，由湖北省体委主办的国际太极拳（剑）邀请赛和在黑龙江省哈尔滨市举行的全国太极拳、剑邀请赛相继举办，成为太极拳竞技化和国际化的有力尝试。1986年，国家体委《关于体育体制改革的决定（草案）》颁发，从训练科学化、竞赛完善化等方面对竞技体育给予了进一步的支持，对竞技体育发展的科学化、专业化提出了新的要求。这一年，国家体委将太极拳、剑、推手列为全国正式比赛项目，并决定每年举行一次比赛。太极拳运动终于有了自己的单项比赛，这无疑更加有利于太极拳的健康发展。

1982年11月，《中华武术》杂志在北京创刊。这本旨在传播国际国内武术动态，介绍武林杰出人物的刊物不仅推动了武术的发展，扩大了

---

① 朱传耿、王凯、丁永亮、董艳梅：《改革开放40年来我国体育政策对发展理念演变的响应及展望》，《体育学研究》2018年第6期。

武术的宣传，提高了武术的影响力，还为太极拳在国内外的普及与推广作出了贡献。同月，全国首届武术对抗项目——散打、太极拳推手表演赛在北京举行，太极拳的又一项运动形式——太极拳推手也作为一项体育竞赛项目问世。同年12月1日，北京大学成立武术协会，其中设立的太极拳分会成为我国高等学校的第一个太极拳组织。

1987年9月26日至27日，首届亚洲武术锦标赛在日本横滨举行。中国、日本、新加坡、泰国、菲律宾、尼泊尔、马来西亚、斯里兰卡、印度尼西亚等11个国家和地区的89名运动员参加了比赛。太极拳作为正式比赛项目，在亚锦赛上展开了激烈的角逐。太极拳这一中华民族的瑰宝终于正式亮相，令全亚洲为之动容，从此亚洲的太极拳爱好者人数持续飙升。

1988年，陈式、杨式、吴式、孙式太极拳竞赛套路推出，突破了民间传统太极与竞技体育之间的隔阂，真正把传统武术纳入竞技体系。1997年，武式太极拳竞赛套路问世。

1990年，第十一届亚运会在北京隆重举行，太极拳被正式列为比赛项目。开幕式上，在全世界人民的瞩目下，中日两国1500名太极拳爱好者共同进行了大型太极拳集体演练。

（二）体育统筹改革发展阶段

1992年，党的十四大明确了我国经济体制改革目标是建立社会主义市场经济体制，协调发展的理念成为体育事业发展的新指针。这一时期，太极拳紧密围绕协调发展理念的总体定位和适应社会主义市场经济体制的要求，在发展内容上更加注重竞技运动、大众普及、健身休闲等的协调发展。

1995年，《全民健身计划纲要》《奥运争光计划》相继颁布，传统武术在这两项计划中均肩负着特殊使命，太极拳更是在"全民健身计划"中发挥着重要作用。"全民健身计划"的出台，极大地激发了人民群众的练武热潮，练习太极拳的人越来越多，群众性的民间活动、国际的文化交流日益增多，太极拳运动迎来了空前的大发展。

2000 年，国家体育总局颁布了《2001—2010 年体育改革与发展纲要》，对体育产业发展的总体思路进行了顶层设计，提出了建立完善的符合国情、比较完整、覆盖城乡、可持续的公共体育服务体系。围绕群众体育、竞技体育、体育产业、体育科研、体育外事等还出台了大量的规章、规定、管理办法等，体现了协调发展的执政理念，促进了我国体育事业健康快速发展。同年，中国武术协会着手制定太极拳全球化发展战略——太极拳健康工程。太极拳健康工程是将太极拳作为武术的一个品牌，持续地推向世界，制定太极拳全球化发展战略，从而推动传统武术的发展。

2000 年 5 月，中国武术协会启动了太极拳健康月活动，决定将每年的 5 月定为"太极拳月"。同年 7 月，在国际武术联合会执委会会议上，执委们一致表示支持中国的太极拳健康月活动，并将每年的 5 月定为"世界太极拳月"。

21 世纪初，中国进入全面建设小康社会的新阶段。经过改革开放 20 余年的发展，体育事业也取得了巨大的进步，科学发展理念为体育事业发展提供了全面、协调、可持续发展的指引。2001 年申奥成功，利用 2008 年北京奥运会筹备、备战的历史契机，体育政策打开了奥运窗口周期，全面协调可持续发展成为这一阶段体育工作的核心目标。

（三）北京奥运会全周期阶段

中共中央、国务院结合北京奥运会的筹备，于 2002 年发布了《关于进一步加强和改进新时期体育工作的通知》，从经济、社会、文化等维度重新认识了体育的价值，提出了坚持体育为人民服务、为社会主义现代化建设服务的方针。2006 年开始实施的《体育事业"十一五"规划》强调了科学发展观对体育事业的指导，并提出了以人为本的"初步建成具有中国特色的全民健身体系"的群众体育发展目标。2007年，中共中央、国务院颁布《关于加强青少年体育增强青少年体质的意见》，提出包括广泛开展"全国亿万学生阳光体育运动"、全面实施《国家学生体质健康标准》等在内的九项举措和八大保障，这是关注国家未来建设者身心健康可持续发展的一大体现。2011年颁布的《体育事业发展"十二五"规划》提出了完善竞技体育后备人才培养体系，增强竞技体育可持续发展能力等，是对科学发展理念的践行。

为了践行"绿色奥运、科技奥运、人文奥运"三大理念，全国各地纷纷组织向奥运献礼的大型活动，其中太极拳的活动尤其引人注目。

2003年4月13日早晨，一万余名来自北京的太极拳爱好者在天安门广场表演了精彩的太极拳术。陈、杨、武、吴、孙五大流派的太极拳名家站在队列的最前面，在北京春日明媚的阳光中，身穿太极服的各个太极拳代表队向电视机前的观众展现了传统太极拳的神韵。

2004年6月27日，以"人人健身，与奥运同行"为主题的万人太极拳表演活动在北京中华世纪坛举行，由太极拳七大门派代表领衔的近万名太极拳爱好者组成了太极方阵，在悠扬的民族乐曲声中进行太极拳表演。

2008年8月8日晚，第29届奥运会开幕式在国家体育场（鸟巢）隆重举行，2000多名太极拳演员排成"天圆地方"的阵式，进行了动静结合、刚柔相济的太极拳表演，向全世界生动地表现了中国太极拳的刚柔之美、神韵之美、和谐之美，体现了传统与未来的交融、人与自然的和谐，表达了东方独有的人文情怀。

这一时期，我国体育领域抓住北京奥运会举办之机，促进了体育领域由改革初期的竞技优先发展向多元均衡发展演进。乘着奥运东风，太极拳的民间发展得到了进一步加强，一些悬而未决的问题得到了解决，官方、半官方性质的太极拳赛事活动如火如荼，有效提高了太极拳的国内外影响力，增强了人民对传统文化的自信心和自豪感，优化了各地的健康休闲产业结构，带动了地方经济发展。

（四）体育强国建设阶段

2014年，国务院印发了《关于加快发展体育产业促进体育消费的若干意见》，明确提出将全民健身上升为国家战略，确立了体育产业国民经济新的增长点的地位。2016年6月，国务院印发了《全民健身计划（2016－2020年）》，从体育事业的角度，就未来五年深化体育改革、发展群众体育、倡导全民健身新时尚、推进健康中国建设作出部署，是体育系统"十三五"时期推动群众体育工作的主要纲领性文件。2016年10月，中共中央、国务院印发了《"健康中国2030"规划纲要》，"健康中国"成为"全民健身"国家战略的重要目标，而建设"健康中国"的基本路径是"共建共享"，其中"建"是"享"的前提和基础。2017年6月，国家体育总局、国家旅游局联合发布《"一带一路"体育旅游发展行动方案（2017－2020年）》，表明体育的发展已经突破了就体育看体育的窠臼，开始出现向其他行业、其他领域、其他国家开放发展的新格局。

进入新时代，全民健身上升为国家战略，体育强国成为新时代的重要体育目标，太极拳应抓住机遇，充分利用政策优势，加强基础研究，创新发展模式，发挥自身优势，培育发展动力，提高服务水平，推动健身休闲产业向纵深发展，为全民健身、健康中国作出自己的贡献。

第四章

太极拳与传统医学

太极拳是中华传统文化独特的动态人体演示，是将《易经》的理、气、数融为一体的运动形式。同时，它还具有呼吸自然、一气贯通、静心用意、中正安舒和轻灵圆活、虚实分明、连贯沉着、快慢相间、刚柔并济等运动特点。因此，太极拳虽为武术，却又与中国传统医学有着根深蒂固的血缘关系。

中国传统医学有三个比较明显的特征：一是辨证施治的整体观；二是阴阳平衡论；三是经络学说。这三大特征与太极拳的运动特征和拳理拳法极其一致。太极拳讲究"缠丝劲"的运行，这正好与中医的经络学说相互照应。太极拳"缠丝劲"的独特拳理拳法是有别于其他武术流派的，它要求拳势动作不论大小、高低、快慢，都要以螺旋式的运动形式为核心，通过腰部肌肉、韧带、关节循环往复的旋转运动，带动脏腑器官的运动，实现人体"一动无有不动，一静无有不静"的螺旋运动，从而起到平衡阴阳、疏通经络的健身效果。

太极拳与传统医学同属人体文化的范畴，它们有着共同的哲学方法论基础和朴素的唯物史观。传统医学是在唯物主义元气论的哲学基础上建立起来的，其根本特点与优势就是它的整体综合观与阴阳辩证思想。太极拳是在传统太极思想指导下，把阴阳辩证观应用到传统武术实践的具体表现形式，其最大特点就是整体性与和谐理念。太极拳与传统医学在同一文化领域内相互融合、渗透，又共同丰富、发展，以至于由传统医学的"精、气、神"人体三宝，逐渐形成了"外练筋骨皮，内练一口气，形神合一"的养生思想和健身之道。同时，传统中医指导着太极拳的健身方法，太极拳的某些功法也丰富了中医的治疗手段。

在同一文化背景中成长的传统中医与太极拳，它们的功能和作用相互补充，丰富了人体健身和养生的方法，满足了不同社会阶层对健身养生的多元需求，创造出具有中华民族特色的养生方法，如运动康养、练功疗法、救治偏差等技术成果。

具体来说，太极拳与传统中医的关系主要体现在：中医养生理论对太极拳的指导；中医阴阳虚实辨证与太极拳行功盘架中的虚实转化的契合；传统中医理论在太极拳中的应用。在了解这些中医理论与太极拳相互作用之前，我们先简单认识一下中国的传统医学。

第一节　中国传统医学的核心内容

《黄帝内经》《神农本草经》《易经》是中华民族文明的结晶，是古人高度智慧的体现，构建了中国传统医学的最高指导纲领，在这个指导纲领的基础上逐渐形成了"阴、阳、表、里、虚、实、寒、热"的中医八纲辨证施治原则。

一、五脏六腑与阴阳五行八卦

五脏属阴，六腑属阳；阴主收藏，阳为运化。五脏六腑相表里，五脏为里，六腑为表。

（一）五脏：心、肝、脾、肺、肾

心在八卦中属离卦，五行属火，五方属南，五色属赤，五味属苦；

肝在八卦中属震卦，五行属木，五方属东，五色属青，五味属酸；脾在八卦中属坤卦，五行属土，五方属中，五色属黄，五味属甘；肺在八卦中属兑卦，五行属金，五方属西，五色属白，五味属辛；肾在八卦中属坎卦，五行属水，五方属北，五色属黑，五味属咸。心为君主之官，主心神不受病，与之对应的脏器为心包。所以，名为五脏，加上心包实为六脏。

（二）六腑：小肠、大肠、胃、胆、三焦、膀胱

小肠与心相表里，心为阴君火，小肠为阳君火；大肠与肺相表里，肺为阴金，大肠为阳金；胃与脾相表里，脾为阴土，胃为阳土；胆与肝相表里，肝为阴木，胆为阳木；三焦与心包相表里，心包为阴相火，三焦为阳相火；膀胱与肾相表里，肾为阴水，膀胱为阳水。

二、十二正经运行与五行

（一）奇经八脉与十二正经

奇经八脉：任脉、督脉、冲脉、带脉、阴跷脉、阳跷脉、阴维脉、阳维脉；十二正经：足少阳胆经甲木（子时运行）、足厥阴肝经乙木（丑时运行）、手太阴肺经辛金（寅时运行）、手阳明大肠经庚金（卯时运行）、足阳明胃经戊土（辰时运行）、足太阴脾经己土（巳时运行）、手少阴心经丁火（午时运行）、手太阳小肠经丙火（未时运行）、足太阳膀胱经壬水（申时运行）、足少阴肾经癸水（酉时运行）、手厥阴心包经相火（戌时运行）、手少阳三焦经相火（亥时运行）。

（二）子午流注

十二地支也可标注一天当中的十二个时辰：子时，23—1点；丑时，1—3点；寅时，3—5点；卯时，5—7点；辰时，7—9点；巳时，9—11点；午时，11—13点；未时，13—15点；申时，15—17点；酉时，17—

19 点；戌时，19—21 点；亥时，21—23 点。每一个时辰都有一条经络运行，每个人一天的饮食起居都要符合经络运行规律，就连身体疾病的发作和康复都和经络运行时间相吻合。比如：每天寅时（3—5 点）是手太阴肺经运行时间，在这个时段肺部有病的人就会咳嗽加剧；卯时（5—7 点）是手阳明大肠经运行时间，健康的人就要在此时完成身体代谢；辰时（7—9 点）是足阳明胃经运行时间，此时胃部气血最为充足，是吃早饭最佳时间；午时（11—13 点）是手少阴心经运行时间，此时养心修性最佳；酉时（17—19 点）是足少阴肾经运行时间，此时按摩肾经穴位保健效果大增。

人体十二正经也是一阴一阳交替循环的，十二经脉相互衔接，由阴入阳，由阳入阴，阴阳相随，内外相连。手三阴经由胸到手，手三阳经由手到头，足三阳经由头到足，足三阴经由足到胸。人体的十二正经运行就是一个大循环，一天 24 小时正好运行一遍。一天中的不同时段由不同脏腑经络来运行，对应人的不同生理活动。从这个角度来说，中医认为人一定要在 23 点前进入睡眠状态，这样才能让肝胆充分代谢身体内的毒素，确保身体健康。中医文化作为传统文化的重要组成部分，也把天人合一当作健康养生的理想状态。人体也是一部天书，一个小的天地，一个微观的自然循环系统，需要认真研究。

第二节 中医养生理论对太极拳健身的指导

一、阴阳相济，强身健体

中医养生学是中医理论的重要组成部分，以阴阳学说为理论基础，以阴阳平衡为核心内容。《素问·生气通天论》："凡阴阳之要，阳密乃固，两者不和，若春无秋，若冬无夏。因而和之，是谓圣度……阴平阳秘，精神乃治。"太极拳运动借鉴了中医养生学的阴阳观，强调了阴阳相济的重要性王宗岳《太极拳论》中说："欲避此病，须知阴阳；粘即是走，走即是粘；阴不离阳，阳不离阴；阴阳相济，方为懂劲。懂劲后愈练愈精，默识揣摩，渐至从心所欲。""懂劲"是太极拳运动必须跨越的一道门槛，如果没有中医的阴阳学说作指导，不能把太极拳的练习实践同阴阳学说融会贯通，练习者将很难跨过这道门槛，更把握不了太极拳运动的规律，实现不了太极拳强身健体的目标。

传统中医认为，五脏与五行相对应。心属火，有炎上之功，负责能量的传输；肾属水，有润下之德，是人体能量运化的鼎炉。心肾相交，水火相济，则百病不生；心肾不交，水火分离，则百病缠身。传统中医还认为，肾为先天之本，是人体阴阳的总纲，直接关系到生命的"生长壮老已"，因此健肾固腰在中医养生方法中占据着非常重要的位置。太极拳运动不仅把这种方法吸收进自身的健身体系，还把这种方法扩而大之，让心肾协调锻炼，在其健身功能的基础上又增加了修身养性的作用，可谓性命双修，一举多得。《无极养生拳论》说："世人不知有逆运之理，但斤斤于天地自然顺行之道，气拘物蔽昏昧不明，以致体质虚弱。阳极必阴，阴极必亡，于此摄生之术概乎未有谙也。"其中的"逆运之理"就是水火相济，即心火下降，肾水上升，只有心火下降，肾水才能蒸腾，人体吸收到体内的营养物质才能被运化成可以利用的精微能量。太极拳到中高级阶段后采用的逆腹式呼吸和拳势呼吸以及松、静、慢的运动方式都是为了能使心静、气沉、神聚，从而达到水火既济、修身养性的目的。

二、动静结合，形神兼修

中医养生提倡动静结合、形神兼修的养生方式。《黄帝内经》在其《素问·上古天真论》就明确提出了"形与神俱"的形神共养观点，这说明精神与形体的统一是中医养生的重要内容。

在传统中医养生的实践中，存在着多种动静结合、形神兼修的养生方法，如易筋经、五禽戏、八段锦和六字气诀法等，它们既有形体的运动，又有呼吸、意念的活动，是形体与精神高度统一的运动形式。太极拳松、柔、慢的运动特征和深、匀、长的呼吸方法恰是结合了"导引术"与"吐纳术"而发展起来的形神兼修、动静结合的养生运动。

太极拳以外带内，以内催外，内外兼修。太极拳一动无有不动，一静无有不静，动静结合。其外在形体通过手、眼、身、步法的协调配合，一套动作舒展大方，轻柔圆活，连绵不断，自然流畅。内在气血则在意念的导引下循经走穴，充盈脏腑。我们用外在和内在分而讲解太极拳的运动特点，就如从阴阳两方面来论述太极一样，其实它们是一个过程的两个方面，是须臾不可分离的。太极拳运动用意不用力，重心的虚实转换、动作的快慢相间、劲力的节节贯穿都要在意念的指导下进行，从而达到内外合一，动静合一，形神合一。

三、调节呼吸，颐养性情

中医认为，七情不和是人体生病的主要原因。《素问·举痛论》记载："怒则气上，喜则气缓，悲则气消，恐则气下……惊则气乱……思则气结。"《素问·上古天真论》说："恬淡虚无，真气从之，精神内守，病安从来。"前一篇说明情志活动的失调会影响气血的正常运行，进而导致脏腑正常生理功能的紊乱。后一篇告诉我们保持恬淡虚无的精神状态，避免欲望、嗔怒和昏昧等的影响，人体就会健康。"血为气之母，气为血之帅"，只有气血充盈和合，人体才会处于身心健康的状态。因此，中医养生不仅注重情志的调摄，还注重心性的颐养。

太极拳运动对心性情志有很好的调节作用。首先，太极拳运动的呼吸方法是逆腹式呼吸，这种呼吸方法的特点是深、长、匀、细，它不仅保证了呼吸的深度，也保证了肺换气的质量，是运动健身普遍采用的一项有氧运动方式，"以心行气，务令沉着，乃能收敛入骨。以气运身，务令顺遂,乃能便利从心"是这一阶段的真实写照。另外一种呼吸方式是拳势呼吸,这是太极拳呼吸的最高运动形式,"行气如九曲珠,无微不到。运劲如百炼钢,何坚不摧"是这一呼吸方式的最好体现。无论是逆腹式呼吸还是拳势呼吸,其深、匀、细、长的呼吸都能舒缓内心浮躁,消除焦虑、紧张等不良心理的影响,还可以内视,有效地排除杂念,还心性一个清净之所。其次,练习太极拳强调用意不用力,讲求清静无为,注重意念引导肢体活动,这有助于克服急功近利等外界不良信息对性情的影响,使心理和精神活动保持在最适中的状态,从而达到身心愉悦、气定神闲的境界。当然,太极拳运动对人心性的影响不可能是一蹴而就、立竿见影的,它是一个长期积累和提高的过程,如果练习者不能端正态度、勤学苦练、明理辨伪,终究会竹篮打水一场空。

第三节 太极拳与中医阴阳虚实的契合

阴阳是我国古代先民探求宇宙万物产生、发展的一对哲学概念,也是我国传统中医辨证施治的重要概念,它贯穿于中医理论体系的始终。用阴阳对立统一的两方面要素来阐释宇宙万物的此消彼长和周而复始,属于朴素的辩证法思想。后世太极拳家把先贤的阴阳理论应用于其理论体系和技术体系,说明医武同源,两者多有相通之处。

《周易·系辞》中说:"一阴一阳之谓道。"并把象征积极、独立的事物称作"阳",而把象征消极、依附的事物称作"阴"。中医的根本和核心是阴阳平衡。一阴一阳是运动、变化、发展的,此消彼长,物极必反。《素问》中有:"提挈天地,把握阴阳。""阴阳者,天地之道也,万物之纲纪,变化之父母,生杀之本始,神明之府也,治病必求于本。"王宗岳《太极拳论》开宗明义提出:"太极者,无极而生,动静之机,阴阳之母也。动之则分,静之则合……阴不离阳,阳不离阴;阴阳相济,方为懂劲。"也就是说，太极可分为阴阳两个方面，阴阳又统一于太极。太极拳运动中所有对立统一的概念如刚柔、动静、开合、虚实、进退、领落、呼吸等都可以用阴阳来表示。太极拳以太极思想为指导，人体中阴阳两个对立面相互依存，相互转化，此消彼长，由不平衡达到平衡，在不平衡中建立新的平衡，人体自身就是在这样周而复始的平衡—不平衡的运动中增加了自己长度和宽度。

王宗岳《太极拳论》的出现，不仅为太极拳技法体系找到了理论根据，也预示着太极拳的技法体系必然按照阴阳相互关系的性质向前发展，其中的虚实转换就成为太极拳技法体系的核心。《十三势行功歌》开篇就说："十三总势莫轻视，命意源头在腰隙。变转虚实须留神，气遍身躯不稍滞。"武式太极拳家武禹襄在《十三势说略》中说："虚实宜分清楚，一处自有一处虚实，处处总此一虚实。"也就是说，人体是左右对称的，任何一个部位都有自己的平衡状态，但是人体总的平衡状态还是在两只脚上，其中腰部起着关键的调节作用。因此，虚实转换不仅是太极拳技法体系的核心，也是太极拳实战过程中需要掌握的重点。

然而，在太极拳实践过程中，最容易出现的弊病往往是虚实不分。那么，怎样才能做到虚实转换呢？《太极拳论》告诉大家："左重则左虚，右重则右杳。"即对方力在我方右手，则右手为实，左手为虚；力在左手，则左手为实，右手为虚。两足亦是如此。如果交手中不能虚实转换则成"双重"之病，必为人制。如果平时练习没有"左重则左虚，右重则右杳"的体验，交手做不到"动急则急应，动缓则缓随"，如何能使对手"仰之则弥高，俯之则弥深。进之则愈长，退之则愈促"，更不可能达到"人不知我，我独知人""四两拨千斤"的技术效果。

中医内治疗法是通过汤药调理，把脏腑虚实不平衡的关系调节到新的平衡状态，以此实现四肢百骸功能的整体化和最大化。中医外治疗法则通过针灸、正骨、理疗和按摩等方法，疏通经络传导和气血传递的通道，防止堵塞。太极拳临敌对阵如果不能做到虚实有致、虚中有实、实中有虚、虚虚实实、实实虚虚，则很难击败对手。另外，太极拳是整体运动，一动无有不动，一静无有不静，局部的动静虚实，必然引起整体的虚实动静。太极拳"其根在脚，发于腿，主宰于腰，行于手指"的论述正好是其气息鼓荡、节节贯串、虚实有致的真实写照。因此，要想学好太极拳，就必须掌握中医的整体观和方法论，还要持之以恒，坚持不懈。

第四节　中医理论在太极拳中的应用

一、整体观念在太极拳中的应用

整体观念是传统中医学的核心思想，它一方面强调人体自身各脏腑器官的完整性、统一性，另一方面也强调人与自然的互补性、统一性。其完整性主要表现在各个脏腑器官功能和作用的相互协调和代偿，从而维持机体正常的生命活动。其互补性主要表现在人在适应和改造自然的过程中与万物之间的相互利用、取长补短的关系，从而维持群体的长期存续和发展。内在脏腑器官的统一性和外在与自然之间的互补性集中体现在"天人合一"的养生思想之中。

太极拳运动遵循"天人合一"的养生思想，通过虚领顶劲、含胸拔背、沉肩坠肘、裹裆护臀的技术方法指导运动实践，特别是以腰胯带动脊柱节节贯串的和谐运动，从根本上实现了内在脏腑器官的相互摩荡和功能代偿。其体松心静、轻灵圆活的运动如涓涓细流，连绵不断，滋养着全身的经络，促进了气血在体内的合理运行，从而提高了生命质量。太极拳练习者因地而动，因时而动，于开合呼吸之间感应四时的循环往复，在顺应自然的变化中提高自己的修为和功夫。太极拳练习者在不顶不丢、不偏不倚、沾连粘随的对抗原则下,通过舍己从人的技术操作,实现了以柔克刚、以弱胜强、四两拨千斤的功能目标。人身与心的和谐、人与人的和谐、人与自然的和谐,正是太极拳运动与中医养生整体观的价值所在。

二、阴阳五行学说在太极拳中的应用

阴阳五行学说是中国古代先民探究自然及人类社会发展规律的科学。它认为万事万物的发展变化都包含阴阳两方面的要素,阴阳的此消彼长是一切事物发展变化的根本原因。另外,万事万物的发展还遵循着"木、火、土、金、水"五种形质的气的运行方式,而这五种不同形质的气的运行又相互制约、互相转化。传统中医很好继承和发展了阴阳五行学说,使其成为中医理论的重要组成部分。而同样为了自身和群体的健康发展,太极拳也把其纳入自己的理论体系,使其成为阐释和说明这项运动的方法论。

太极拳的命名就首先运用了这一学说,如《太极拳论》开篇就说:"太极者,无极之生,动静之机,阴阳之母也。"《太极拳释名》中还把五行与五种步法对应起来,说:"进步、退步、左顾、右盼、中定,即金、木、水、火、土也。此五行也。"由此可见,拳以太极名,实已暗含了太极拳与阴阳五行的关系。太极拳预备式要求"十趾抓地头顶天,舌顶上腭垂两肩,尾闾中正松腰胯,提肛运气归丹田"。就是说在太极拳运动开始前,先要通过十趾微微抓地和舌顶上腭等技术准备,让脚底的涌泉穴与头顶的百会穴贯通,接通任督二脉,从而使气血流通,达到天地相应、阴阳结合、精神内守、气运丹田的作用。另外,太极拳的内三合与外三合也反映了这种对应关系。其中外三合"肩与胯合,肘与膝合,手与足合"是对形体的要求,练习时此三者上下一线,故要求身体不可前倾后仰;内三合"心与意合,意与气合,气与力合"是对意识和劲力的要求,练习时要精神内守,导引吐纳,疏通经络。两者都要求"其根在脚,发于腿,主宰于腰,行于手指",练习时动作配合呼吸,气力贯达全身。

三、形神合一理论在太极拳中的应用

形神是中国哲学史上的一对范畴,也是体育哲学人体观的基本范畴。形神,指人的形体和精神。形神合一理论的哲学基础是物质与精神的辩证统一。形神合一,就是形体与精神的结合,也可以说是形态和机能的统一。形体包括一切组织器官,神是精神意志活动。《黄帝内经》说:"调阴与阳,精气乃光,合神与气,使神内藏。""心者君主之官也,神明出焉。""主明则下安,以此养生则寿。"太极拳利用这一理论,要求练习中形神兼备,做动作时要全神贯注。太极拳还特别强调眼神,要求"眼随手,步随身。运动如抽丝,上步如猫行"。要求动中求静,在运动中神内守,要求调形、调气、调神。在注意姿势形态的同时更应该注重意志的引导。同时,形神合一理论是恒动整体观,这是中医指导思想的具体展示,是中医理论的基石。在概念意义上,神是一元的,为"生命之主",而其展示的意蕴则是广袤的,既蕴涵生理意义,又包含心理意义。故此,这一概念在一定意义上体现了太极拳的本源含义,凸显了形与神的统一,因为二者皆为生命中不可或缺的组成部分。从本源上说,神生于形,神依附于形;但从作用上说,神又是形的主宰。从这一点来讲,就像电脑硬件和软件的关系:没有主机硬件,软件无处存放;没有系统软件,硬件就是废铁一堆。

神与形的对立,是生命运动的基本矛盾;神与形的统一,是生命存在的基本特征。神与形的对立统一,便形成了人体生命这一有机统一的整体。形神合一的生命观是中医学基础理论的一个重要组成部分,形神合一的具体内容为太极拳的发展奠定了坚实的理论基础,并长期有效地指导着太极拳的发展。

四、精气神理论在太极拳中的应用

中医认为精气足则人的生源充足，生源足则身体强健。太极拳一开始就要求运气扫丹田，丹田中藏有"元精""元气""元神"，精、气、神是人体三大生命要素，气沉丹田，也就是藏精、藏气、藏神。太极拳练习中要求调呼吸、藏精神、随动作，运用意志，调理呼吸：练习时凡送出的动作，如上步、出拳、推掌、蹬脚则呼气；收拳、收掌、收腿则吸气。太极拳运动大大发展了我国古代的导引术，充分体现出"一呼一吸细而长，进呼收吸是要方"。精气神相辅相成，精全则气全，气全则神全。太极拳将传统医学的精气神学说吸收到自己的理论体系中。太极拳的要义之一就是须有虚领顶劲、气血流通的自然之意。众所周知，太极拳练习中讲究呼吸配合，比较典型的是气沉丹田，要求呼吸深长，达到气体交换的最佳状态。此外，要求初学者从形似入手而逐步朝神似发展。这些都是对精气神理论的具体应用。

第五节 人体经络气血运行对太极拳演练的影响

一、经络运行时间对太极拳演练的影响

中医"子午流注"中，人体脏腑经络运行有固定的时间，在不同的时间段练习太极拳，可以提高相应器官的功能。"子午卯酉，朔望漾应，慎而密之，久行功成。"子午卯酉四时是一天当中阴阳交替、阴阳最为平衡之时，此时练拳最易感应天地阴阳之气，练功效果最佳。

太极拳练习者认为，太极拳不仅能强身健体、防身自卫，还能修身养性，改变个人的精神、气质和修养。它不仅在技术层面上艺术化为"技艺"，而且在精神层面上突出表现为"神韵"，同时，把内在的精神修

养和外在的肢体表达统一成由内达外的"形神合一"。太极拳的"形神合一"本质上体现的就是太极图的"阴阳和谐",其早已渗透在太极拳理论和实践中。太极拳立身中正、不偏不倚、不丢不顶的技术操作和"心与意合、意与气合、气与力合"的意气运动不仅能让练习者舒筋脉络、强身健体,还可以让练习者养成风光霁月、恬静淡泊的气质和修养,最终达到形神合一的境界。

二、中医经络理论对太极拳缠丝劲练习的指导

中医经络学说认为,经络是联系人体内外的纽带,只有经络通畅,方能行气血、营阴阳。《黄帝内经》曰:"经脉者,所以决死生,处百病,调虚实,不可不通也。"可见,疏经通络对养生治病均有重要的指导意义。

太极拳运动能疏通经络。首先,太极拳运动要求人体左右、上下、前后和内外都要协调配合,有利于疏通及平衡人体的经络系统。其次,太极拳强调心舒体静,其身心的松静和慢、柔、匀的练习要求可以避免情绪的剧烈波动对内脏的刺激,使交感神经与副交感神经的活动得到抑制,从而使其处于低兴奋的平衡状态,保证全身经络的畅通无阻。再次,练拳时舌尖轻抵上腭,可以接通任督二脉,保证任督二脉气血的运行。同时,舌抵上腭还可以刺激舌系带的金津、玉液二穴,使其分泌更多的消化液,保证气血运行的能量供应。最后,太极拳以意行气、以气运身的运动特点是通过意识主导气息,并以经络作为传递气息的桥梁,最终达到劲贯四肢的作用。在此过程中,经络系统得到了有意识的锻炼。

现代筋膜学的研究成果表明,经络是人体筋膜系统中特殊的通道,负责气血的传输和脏腑间信息的传递,筋膜是经络的载体和物质基础。筋膜质量的好坏直接影响着经络功能的发挥,也影响着经络穴位的感知力和传导力,进而对人体整个内环境生态产生影响。现代人可以用筋膜枪、筋膜棒、筋膜轴等器械和特殊体位对人体筋膜系统的不正常状态进

行干预和改善，太极拳先贤却只能通过体悟，用缠丝劲来感知和阐明人体筋膜的功能和作用。虽然现在很多人还无法将体悟与缠丝劲联系起来，更无法理清中医经络与太极拳缠丝劲的关系，但这一点也不妨碍正确练习太极拳一段时间后，一般人都会产生指尖酸麻、发胀、如针刺般的感觉和唾液分泌、腹鸣等现象。中医认为这是体内行气的现象，是经络畅通的表现。筋膜学则认为这是人体筋膜主动运动，脏腑功能活跃的表现。同样，太极拳的"主宰于腰""虚领顶劲，气沉丹田"是锻炼任脉、督脉、带脉和冲脉的好方法，不仅能使任督二脉畅通，还能使带脉膨胀，肾部充实，冲脉旺盛。这符合中医理论中肾为性命之源，肾壮则精充、神清、目明的观点。

太极拳的产生不是哪个英雄人物的天赋异禀和奇思妙想，而是几代人集体智慧的结晶。如果说陈王廷是在各家拳法的基础上，采用导引吐纳的内功修炼方法，结合中医经络学说和阴阳五行学说创造了太极拳，那么，他一定是一位系统掌握了中国传统文化的要义，融儒、释、道于一家，又精通中医医理的具有开拓、创造精神的复合型人才，是一位知行合一的通才、全才和圣才。

"拳起于易，理成于医"，"对待者数，主宰者理，流行者气"。太极拳的名称来源于《易经》，太极拳的理论与传统中医密切相关，太极拳正是在中医理论的指导下，调动人体气机的运行，调节气血的平衡，使其符合天地运行的规律，达到天人合一的境界，这便是"神明"。

第五章
太极拳与传统哲学

太极拳，被誉为"哲学拳""文化拳""智慧拳"，蕴含着深厚的中国传统哲学观念。学习太极拳，如果仅仅停留在招式与拳架的层面，而忽视了拳理与文化内涵的探究，将难以真正领悟太极拳的精髓，更难在世界范围内传播其深刻的文化内涵。

太极拳文化蕴含着中国传统文化的精髓，既可被视为俗文化的实用工具，又可升华为雅文化的哲学之道。它在中国传统哲学观念的引领下，形成了内外兼修、以修身养性为核心的养练思想，其中包括易学的"变"原理、道学的"修"途径、儒学的"练"实践。太极拳通过吸取这些文化观念的精华，形成了完善的技术和理论体系，成为散发着浓郁民族气息的卓越传统文化。

太极拳不仅是一种健身方式，更是中国哲学智慧的具体实践。在太极拳丰富的拳理中，隐藏着儒家、道家、佛家等多元的哲学观念。在儒家理论的引导下，太极拳不仅注重运动形式，而且关注正心诚意、改过迁善的人格修养。太极拳的"不敬则外慢师友，内慢身体，心不敛束""不可满，满则招损"等道德规范，深刻地体现了儒家的和谐之道。在太极拳的哲学视角下，修身养性是实现"天人合一"的关键，而儒家提倡的"修身齐家治国平天下"的理念与太极拳的"内外兼修"思想是相通的。

道家的阴阳观念也深刻影响了太极拳的形成和发展。太极拳强调阴阳的平衡，追求相对平和的状态。太极拳运动中的阴阳互动，不仅是一种身体的表现，更是道家哲学中天人合一、阴阳调和的具体体现。通过练习太极拳，个体逐渐体悟阴阳的协调，实现身心和谐的内外一致。

佛家的思想也被太极拳所吸收。太极拳追求内外一致，强调"意在气先"，专注的意念引导着灵活有力的动作，这是心、意、气的统一。佛家强调内心的宁静与专注，太极拳通过意念对动作的引导，体现了禅宗的内观修行。

太极拳因此成为一种全面融合儒、释、道等多元哲学观念的身体文化符号。在其独特的"以柔克刚""以静制动"原则中，实现了在动与静、刚与柔的相对平衡中寻求和谐之道。太极拳通过体悟哲学智慧，以动作的和谐为媒介，展现了东方文化的博大精深，吸引着全球不同国家、不同文化背景的爱好者积极参与，练习、弘扬并传承这一卓越的传统文化。

第一节 《易经》对太极拳的影响

《文心雕龙·原道》："人文之元，肇自太极，幽赞神明，易象惟先。"要深入理解太极，不可不明了《易经》中关于天地之道、阴阳之变以及意、象、言这些具有深刻智慧的哲学观念。要深谙太极十三势中"阴不离阳，阳不离阴"的"阴阳变换"之理，理解五行八卦的相应关系都离不开对《易经》的精心研读。然而，将易理引入拳理，用八卦之象赋予太极拳八法，或以五行之术对应五步，虽然赋予了太极拳深厚的文化内涵，却也不可避免地增添了练习者阅读和理解的难度。

因此，陈鑫在其《太极拳名义说》中指出："拳以太极为名，古人必有以深明乎太极之理，而后于全体之上下、左右、前后，以手足旋转运动，发明太极之蕴，立其名以定为成宪……然所取者，或以卦名，或以爻辞，或以水、火、木、金、土生克之文，因其近似者引之，以为佐证，其泛滥肤浅，亦不过古人之糟粕已耳。杂乱无章，随意采择，于图（河图）、书（洛书）生生大数之序毫不相似，况其内之精华者乎？"他认为太极拳应当理性对待《易经》，抛去杂乱无章的糟粕，取其精华。

太极拳理虽与太极之理相互关联，却也不必拘泥于古人笔墨的设定。陈鑫说："古人笔墨，原非为拳而设。其包括宏富，亦若为拳而设。随意拾取，无不相宜。"太极之精华如水一般适用于万事万物，灵活而巧妙。陈鑫提示后世学者，应以明辨太极拳理与太极之理的相互关系为己任，汲取精华，摒弃糟粕，理性而深入地对待这一博大精深的哲学体系。

一、《易经》与太极拳

"变"是《易经》的核心思想，即"阴阳转化"，体现了辩证唯物主义的"对立统一"观。这一观点认为，世界是一个对立统一的整体，而"变"则是永恒不变的基本特征。太极拳的创始者和传承者，在《易经》哲学思想影响下，通过反复演练和实践，创造了太极拳这一非圆即弧、顺逆缠丝、刚柔并济、开合相寓、虚实相生、快慢相间、松沉兼备、内外兼修、对立平衡的拳法。

后世学者为推广和传承太极拳文化，从不同角度对太极拳技术和拳理进行了深入解说：王宗岳的《太极拳论》全方位地解说了太极拳，被称为太极拳经；陈鑫的《陈氏太极拳图说》以易理说拳理，为太极拳理论体系的形成作出了卓越贡献……随着时代的进步，太极拳的文化性逐渐凸显，吴式太极拳传人王培生将太极拳"八门五步"与八卦五行相对应，丰富了太极拳的文化内涵，使其每个招式都散发着传统文化的光辉。

二、《易经》中的太极八卦与阴阳五行

关于太极一词，《易·系辞上》指出："易有太极，是生两仪，两仪生四象，四象生八卦，八卦定吉凶，吉凶生大业。"这里的"太极"是派生

万物的本原。"太极"一词中,"太"象征无限大,"极"则是起始点和极点。实际上,太极隐含着无限大与无限小的概念,即"大无其外,小无其内"。

在《太极图说》中,周敦颐认为:"无极而太极,太极动而生阳,动极而静;静而生阴,静极复动。一动一静,互为其根。分阴分阳,两仪立焉。"太极拳便以此理论为基石,强调人体动与静、阴与阳的辩证统一。其核心概念是形体在动,而内心保持冥思静观。太极拳的练习方法旨在动中求静,例如行功走架强调动态中的静谧,而打坐站桩则强调静态中的活动。整个太极拳套路运动强调整体的流畅性,每个动作均由圆弧运动组成,符合太极图形的结构。

太极图形生动地展示了宇宙间阴阳互生互化、相生相克的普世规律。从量变到质变,物极必反,循环不已。这表明自然界和人类社会中的一切现象都包含着相互矛盾、相互统一的趋向,事物的发展是在这种对立统一的矛盾中进行的,正是这种对立统一推动着一切事物的产生和发展。

太极拳的起源融合了丰富的中国优秀传统文化和哲学思想,形成了博大精深的文化内涵。练拳要从无极开始,通过阴阳的开合寻求真实。太极拳以其和谐、自然、心无杂念、冷静沉着、天人合一的演练风格,深刻地揭示了在天地之间如何对待人生的哲学道理。只有通过对天地根基的了解和对天下大道原理的明悟,默识揣摩,才能达到性命双修、形神兼备的境界。

(一)太极阴阳图

太极阴阳图生动地揭示了天地宇宙与万物的天机神妙和深邃哲理。世界辽阔繁复,无论是大到宏观的天体还是小到微观的粒子,都呈现一分为二再合而为一的状态,并且不断变化,不停运转。在太极阴阳图中,白眼阴鱼与黑眼阳鱼互相环抱、依存、制约,共同存在于一个动态平衡的"太极"整体中。

太极阴阳图

太极阴阳图中那条划分阴阳的 S 形曲线散发出迷人的魅力，同时也带有神秘的色彩。它象征着天地万物在运动变化中留下的恒久动态轨迹，形象地表示了天地万物阴阳互化互生的普遍规律。这条充满魅力的 S 形曲线不正是太极拳行功走架中的画圆走弧吗？不就是太极拳推手中的随曲就伸吗？它同时代表着传统东方哲学中蕴含的谦和内敛、圆通应变的为人处世之道。

这种太极曲线运动以全息象征性为特征，用阴阳互为消长来表示世间一切矛盾不断运动变化。在时空上呈现为阴阳交错分合，上下起伏波动，互根互化，相互制约，相互补充。从量变到质变，阴极必阳，阳极必阴，反反复复，循环不已。在阴阳互补的全息运动中，保持着太极的整体性。由此可见，太极拳的奥妙就是在虚实调整、阴阳互换中练就一股混元整劲。

阴不离阳，阳不离阴，孤阴难生，独阳难长。阴阳之气原本是同一体的。这正是矛盾对立统一规律的体现：事事有矛盾，时时有矛盾。自然界所有事物内部都包含着相互矛盾、相互依赖的发展趋向。一切事物发展过程中都存在着矛盾双方相互依存、相互斗争的因素，这种对立统一推动着事物的发展。正如王宗岳在《太极拳论》中所言："太极者，无极而生,动静之机,阴阳之母也。动之则分,静之则合。"这正是阴阳对立转化在太极拳中的动态展现:静为阴,动为阳;静极生动,动极生静;左右逢源,上下相随,虚实分明。

(二)从阴阳到八卦

太极由无极而生,然后蕴含阴阳二气。在《易经》的象数符号体系用一长横"—"表示阳,象征阳光直射,称为阳爻,两短横"--"表示阴,象征阳光间断时的阴影,称为阴爻。这就是阴阳两仪。在原来的阳爻和阴爻之上分别再各加上一阳爻或一阴爻,就形成了太阴、少阳、少阴、太阳四象。我们来看,四象都是由上下两条爻符构成,上应天,下对地。四象符号生动形象地表示出了天地阴阳的对应关系。太阳由上下两条阳爻构成,象征天和地都充满阳气,表示阳气最足,就像中午时分阳光万丈,天空和地面都热量充盈;少阴由下阳爻上阴爻构成,象征地面上为阳,天空为阴,表示阴阳各半,就像下午五六点时,天空中的阳光已经弱了下来,热量也渐衰,但地面上的热量还很大;太阴由上下两条阴爻构成,表示随着时间的推移地面上的热量也消失殆尽,天地间阴气充盈,天地俱阴,恰似子夜时分的寒风阵阵;少阳由下阴爻上阳爻构成,象征地面为阴,天空为阳,表示阴阳各半,天空的热量开始充盈,但地面依然阴冷,正如清晨时分的旭日东升。随着时间的推移,太阳升高,天空的热量逐步辐射到地面,就又形成了天地俱阳的太阳状态。

四象生动形象地概括了一天当中天地的阴阳变化,四象之间联系紧密,天地之间的阴阳此消彼长,互根互生。阳极生阴,动极必静。深切体味四象的阴阳变化,习拳者必能逐渐领会太极拳动作中开合虚实转化之妙。如把刚比成阳,将柔喻为阴,那么练习太极拳的过程就是一个四象转化的照应:初学者浑身僵劲,刚多柔少,就是太阳阶段。随着功夫的加深,僵劲慢慢去除,柔劲越来越多,就朝着少阴、少阳的半阴半阳阶段迈进。当然,半阴半阳状态只是习拳者的理想目标,古往今来极少有人能练到此境界，也就是拳论里的"阴阳无偏为妙手"。太极、两仪、四象、八卦的衍生过程如下图：

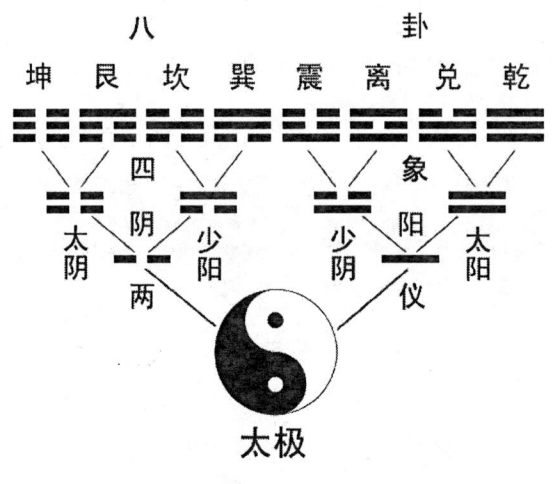

八卦衍生图

在四象的符号上各加一阴爻或阳爻，就演变成了八个三爻卦。这八卦都是由三条爻线构成的本卦，象征天、地、水、火、风、雷、山、泽八种自然现象。人们依据卦象分别给八卦取了记忆口诀，十分形象，便于记忆。

太阳上加一阳爻，就成了一、二、三爻俱为阳的乾卦☰（乾为天），记忆口诀为"乾三连"；太阳上加一阴爻，就成了一、二爻为阳，第三爻为阴的兑卦☱（兑为泽），记忆口诀为"兑上缺"。

少阴上加一阳爻，就成了一、三爻为阳，第二爻为阴的离卦☲（离为火），记忆口诀为"离中虚"；少阴上加一阴爻，就成了二、三爻为阴，第一爻为阳的震卦☳（震为雷），记忆口诀为"震仰盂"。

少阳上加一阳爻，就成了二、三爻为阳，第一爻为阴的巽卦☴（巽为风），记忆口诀为"巽下断"；少阳上加一阴爻，构成了一、三爻为阴，第二爻为阳的坎卦☵（坎为水），记忆口诀为"坎中满"。

太阴上加一阳爻，就成了一、二爻为阴，第三爻为阳的艮卦☶（艮为山），记忆口诀为"艮覆碗"；太阴上加一阴爻，就由三条阴爻构成坤卦☷（坤为地），记忆口诀为"坤六段"。

（三）阴阳二气运化五行

天地间阴阳二气相抵相摩化生万物，万物又以"木火土金水"五行为代表。五行在这里不仅仅是指五种物质，更主要是指气的五种运行形式。五行都有相应的阴阳属性：木属阳，火属阳，土半阴半阳，金属阴，水属阴。

五行之间相生相克，循环不已。五行相生为正态，表示五行之间相互滋生；五行相克为逆态，表示五行之间相互制约。五行之间的相生相克在我国传统医学和太极拳的范围内主要是以气的运动形式来实现的。天地阴阳未判之时，一气混沌，此为无极状态。无极生太极，太极含阴阳。阳气为清，清则浮升。阴气为浊，浊而沉降。阳升阴降，两仪分立。清浊之间，中气存之。中气就是阴阳升降的枢轴，中气即五行中的土。"枢轴运动，清气左旋，升而化火，浊气右转，降而化水。化火则热，化水则寒。方其半升，未成火也，名之曰木。木之气温，升而不已，积温成热，而化火矣。方其半降，未成水也，名之曰金。金之气凉，降而不已，积凉成寒，而化水矣。"[①]

说起五行的相生，这与地理位置和季节相关。北方寒冷五行属水而南方炎热五行属火，东方温暖五行属木而西方凉爽五行属金，中土湿盛五行属土。阳气升于东方，则成就了春天的温暖之气；阳气升于南方，则成就了夏天的炎热之气；阳气升于西南方，则成就了长夏的潮湿之气；阴气降于西方，则成就了秋天的凉爽之气；阴气降于北方，则成就了冬天的寒冷之气。

---

① 黄元御：《四圣心源》，周羚、胥荣东校，中国科学技术出版社，2019，第2页。

五行生克图

春天的温暖生成了夏天的炎热，夏天的炎热生成了长夏的湿热，长夏的湿热生成了秋天的凉爽，秋天的凉爽生成了冬天的寒冷。在冬天的寒冷之气中又重新孕育着来年春天温暖生发的希望。所以，五行相生的顺序为：木生火，火生土，土生金，金生水，水生木。

五行的相克跟气的不同运行方式相关。所谓相克，就是五行之间相互制约，防止某一种气运行得太强太过。木气发散，火气升炎，土气濡湿，金气收敛，水气降润。为了不使木气过于发散，就要用金气来收敛木气，称其为金克木；为了不使火气过于升炎，就要用水气来降润火气，称其为水克火；为了不使土气过于濡湿，就要用木气来发散土气，称其为木克土；为了不使金气过于收敛，就要用火气来升炎金气，称其为火克金；为了不使水气过于降润，就要用土气来濡湿水气，称其为土克水。

五行生克之理是先贤对大自然造化之妙的深刻理解和总结。

三、太极拳"八法五步"的阴阳八卦之道、五行生克之理

本章前两部分论述了太极拳与《易经》的关系以及太极、阴阳、五行和八卦的概念，本部分借鉴了吴式太极拳家吴公藻和王培生等人的观点和论述，进一步说明太极拳"八法五步"的阴阳八卦之道、五行生克之理。

（一）太极拳与阴阳八卦

《易经》里有八卦：一乾天、二兑泽、三离火、四震雷、五巽风、六坎水、七艮山、八坤地。太极拳有八种劲别即八法（四正四隅）：掤、捋、挤、按为四正手；采、挒、肘、靠为四隅手。掤劲为坎卦（☵坎中满），捋劲为离卦（☲离中虚），挤劲为震卦（☳震仰盂），按劲为兑卦（☱兑上缺），采劲为乾卦（☰乾三连），挒劲为坤卦（☷坤六段），肘劲为艮卦（☶艮覆碗），靠劲为巽卦（☴巽下断）。其对应歌诀为："掤填坎中满，捋要离中虚；挤是震仰盂，按劲兑上缺；采求乾三连，挒行坤六段；肘为艮覆碗，靠劲巽下断。"

《易经》八卦与太极拳八法的对应，产生八种劲别，表现在身体外形上就是八种招式动作，在内则是意念活动，即大脑的形象化思维活动。卦形是上、中、下三爻，人体是上、中、下三盘。所谓对应，就是对照卦象上阴阳爻线的虚实来用大脑意念支配自身上、中、下三盘的虚实，由此肢体就可发出不同的劲别，用于技击实战。

1. 掤填坎中满（☵）

掤

所谓"掤填坎中满"即在发掤劲时，应集中意念于腰后的命门穴，如同连接命门穴到臀部大转子后上方凹陷处的环跳穴形成一条实横线，使身形呈坎卦卦象：上下盘虚，中盘实。掤劲运用腰胯劲，即腰胯的进攻。内在意念是想象腰胯向前延伸，使掤劲自然产生。掤劲是太极拳八法的基础，其他七种劲法都是在掤劲的基础上产生的。

拳论有"掤劲义何解，如水负行舟，先实丹田气，次要顶头悬，全体弹簧力，开合一定间，任有千斤重，飘浮亦不难""手从腰出，劲大如牛，腰在手后跟，劲大如雷霆""忘了手（上盘虚），忘了脚（下盘虚），只想命门找环跳（中盘满）"。这正如卦象坎中满。命门穴位于人体后背的第二腰椎棘突下凹陷中，是从腹部神阙穴连一条直线到背部的对应点。掤劲的出发点是命门穴，命门穴的位置有肾。因为肾属水，而八卦的坎卦也代表水。掤劲即是水性，以出手如水、八面劲来表示，具有穿插、浮沉之势。掤劲贯穿于太极拳的所有动作，是一种潜在的、弹性的力量，其他七种劲法都暗含了掤劲。"水容万物水为坎，手脊偶阴胸中满。设炉安鼎离火燃，坎离移位循周天。"

掤劲在身体表现上是一种高度自觉灵活的应力反应，即太极拳高手在受到外力时，受力部分出现的惯性条件反射。无论受力部位在何处，身体都呈现出一种不丢不顶的攻防兼备状态。掤劲"其动微，其象隐"，只有在受到外力时才能显现。掤劲蕴含太极阴阳之理，既能进攻又能防守，可根据不同情况转为任意一种劲法，掤、捋、挤、按、采、挒、肘、靠八法都是掤劲的不同表现形式。

同时，掤劲也是太极拳推手的核心和灵魂，搭手即有掤。两人交手时，接触点上弥漫着"中和"之气，对方力线无法穿过我方中轴，而我方意识直指对方重心，实现了拳论中的"人不知我，我独知人"。在推手中能够如此，必定占据有利位置。反之，一旦搭手丢失了掤劲状态，中轴线大开，则胜负已定。因此，"太极拳就是掤劲"这一说法非常贴切。只有认真跟随太极拳名师练习推手，才能真切体会太极拳八法的内在含义。因为不懂太极拳推手就不懂劲法，必然也无法熟练掌握拳架。

2.捋要离中虚（☲）

捋

在掤的状态下，接住对方的力量并引导它向左或向右后，转化为捋劲。"捋要离中虚"强调了在应用太极拳捋劲时，自身的中盘应该保持活动，即腰腹部要保持松活。这就是拳论中所要求的"旋脊转腰"，即要求腰部的转动必须十分灵活。在确保下盘稳定的基础上，通过腰部这一枢纽和轴心的作用来带动上半身。俗话说："下盘死，中盘活，上盘活得让对手摸不着。"实际上，中盘的活动性是指要让带脉活动起来。正如歌中所唱："火化万物火为离，手臂奇阳胸隙隙。调来坎水落火济，阴阳相济互相依。"捋劲可以破掤劲，即当对方发出右掤手的攻击时，我方可以通过右手粘住对方的腕部，左手粘住对方的肘部，然后顺着对方的力量向自己的右下方捋动，同时带动腰部向右转动，使对方的掤手落空，达到化解对方攻势的目的。

拳论有："捋劲义何解，引导使之前，顺其来势力，轻灵不丢顶，力尽自然空，丢击任自然，重心自维持，莫为他人乘。"火能化万物，因此捋劲可以破解掤劲，也能化解其他劲别。只要是对方发出的攻击，都应当将其视为送上门的机会，采取照单全收的策略。我方使用刁捋手法引导对方的力量使其落空，令其中轴和重心失稳，从而脱离下盘的支撑，陷入被动挨打的境地，而我方则能够抓住机会，自如地发起进攻。

3. 挤是震仰盂（☳）

挤

在太极拳的推手中，掤的状态不仅仅是防守，更是为了引申出一种积极的劲道——挤劲。挤劲的核心理念可通过"挤是震仰盂"得以表达。

观察震卦的卦象，可以发现下爻盂盆贴地，形成实连线。这实线在人体上意味着两脚贴地，构成一条线，象征着下盘的坚实稳固。在运用挤劲时，思维的焦点应置于脚底，设想从后脚画一条实线到前脚，这样挤劲才能迅速而有力地传递，使对方难以抵挡。挤劲不仅是一种防守手法，更是一种进攻手法，能够在搭手的瞬间见缝挤出，巧妙运用左右手轮换挤进，让对手难以找到还手之机。

挤劲的实质是"夹脊找前脚"，这并非字面上的行为，而是一种心境的表达。通过意念，将前脚与夹脊相协调，便能激发出挤劲。歌曰："震如仰盂应体间，两足贴地如根连。阴阳相激雷电闪，无情雷公岂容犯。"表达了挤劲与身体协调、动静结合的内在关系。

拳论中有关挤劲的歌诀更是详实而生动："挤劲义何解，用时有两方，直接单纯意，迎合一动中，间接反应力，如球撞壁还，又如钱投鼓，跃然击铿锵。"这不仅阐释了挤劲的多样性和灵活性，还生动地说明了挤劲的效果——如同球撞击墙壁、钱币投掷鼓面，挤劲迅速而有力，以铿锵的声响彰显出其决断力和实效性。通过这样的理论和实践，太极拳推手在挤劲的运用上更显深邃和精湛。

4. 按劲兑上缺（☱）

按

太极拳推手中的掤劲，可以引申出一种向下的劲道，即按劲。按劲的核心理念可通过"按劲兑上缺"来解释。运用按劲时，可以设想胸部膻中穴以上是虚空的，在这样的意念下，手上产生按劲。按劲有克制挤劲的能力。例如，当对方用挤劲攻击时，我方可以通过虚腋空胸，目光俯视，仿佛凭栏下望的姿势，以我方的下手按于对方肘上，上手粘住其肩后，并以下手随着目光向下按，后手（上手）追随下手按之，从而化解对方的挤劲。歌诀概括如下："兑在卦位体上阴，两臂泽水滋我身。任你相欺难容忍，我行我素显奇神。"

拳论中有关按劲的歌诀更是生动贴切："按劲义何解，运用如水行，柔中寓刚强，急流势难当，遇高则膨满，逢洼向下潜，波浪有起伏，有孔无不入。"这一段歌诀通过水的运行比喻，强调了按劲的特点。运用按劲如同水流一般，既柔中带刚，又能顺势而下，具有强大而难以抵挡的势头。遇到高处则迅速膨胀填满，遇到洼地则下潜穿越，波浪起伏之间，无孔不入。这展示了按劲的灵活性和变化多端的特点，有力支持了太极拳推手中按劲的理念和实践。

5. 采求乾三连（☰）

采

在太极拳推手中，掤的状态下，当一侧接触点感知到对方的力量后，迅速而均匀地松沉引带，目的在于拔起对方的根部，形成采劲。乾卦的三条连线在太极拳中被视为延伸的三个关键点。在运用采法时，必须使人体上、中、下三个丹田成为一条垂直的轴线，如同一根直立的轴，可以左右旋转。上丹田位于两眉头连线上的印堂穴，中丹田在胸部的膻中穴，下丹田位于肚脐下三寸的关元穴。这三者的结合，如歌所言："乾属老阳体内藏，三田合一下连上。入地吓坏地藏王，上天惊呆君玉皇。"

太极拳对身法的要求是立身中正，上下一条线，全凭左右转。采法作为太极拳八法之一，在己方保持立身中正的前提下，通过左旋或右转，实现对对方劲道的采取。采劲可以破解对方的肘劲。如对方进右肘要顶我方前胸时，我方侧身以左前臂竖直，与击来之肘的大臂交成十字，左手拇指尖对正鼻尖。以右手扶住对方右手背随以玄关找右肩井，彼必俯跌；若以玄关找左肩井则彼必仰跌。无论向左采还是向右采，左拇指尖与鼻尖的前后位置关系保持不变，采劲方发得圆满。

拳论中歌诀曰："采劲义何解，如权之引衡。任尔力巨细，权后知轻重。转移只四两，千斤亦可平。若问理何在，杠杆之作用。"这一段论述将采劲的原理比喻为权衡引导的过程，通过转移身体的重心，即便对方力量再大，也能通过巧妙的采劲实现平衡。这就如同杠杆的作用一样，只要合理运用，小力量也能驱动大力量。

6. 挒行坤六段（☷）

挒

太极拳推手中，在掤的状态下，短距离内发出的弹抖劲被称为挒劲。卦象的类比中，坤六段象征人体六大关节。运用挒劲需要达到心随意动的境界，因此自身的肩、肘、腕、胯、膝、踝六大关节都必须保持松活自如。

坤六段的内在系统包括两眼球、两内肾、两睾丸（女子则为两卵巢），简称"六球"。两眼球的开合关联两手腕和两脚踝，两内肾的开合关联两肘和两膝，两睾丸（两卵巢）的开合关联两肩和两胯。六球的开合状态直接影响大关节的紧张程度，如歌所言："坤属老阴体内长，六球体内动无常。扭转乾坤四球掌，上有两球佐朝纲。"

挒劲能够克制靠劲。例如，当对方试图用左肩靠击我方胸部时，我方可以利用挒劲的技巧，左手将其左臂，右手按其左肩，并迅速抽提左脚以腾挪避闪，使对方靠劲失去作用。按照"引进落空合即出"的法则，我方可以随手发掤劲，将对方顺势放出去。

拳论说："挒劲义何解，旋转若飞轮。投物于其上，脱然掷丈寻。君不见漩涡，卷浪若螺纹。落叶堕其上，倏尔便沉沦。"这段话通过比喻说明了挒劲的特性，再次印证了挒劲的旋转、迅猛、无常的本质。

7. 肘为艮覆碗（☶）

肘

在掤的状态下，太极拳八种劲法中，如果以肘的部位体现出来，都可称为肘劲。肘法作为太极拳的进攻手法，在与对方靠近时发挥着重要的攻击作用。有句拳谚道出了这一理念："远拳近肘贴身靠。"在使用肘法时，必须忘却身体的中下盘，仿佛身体的中下盘被水淹没，只有肩肘部露在水面上。通过意念进入这种状态，有助于产生肘劲。艮卦的卦象提供了一个类比，上爻是实线，中爻和下爻是虚线。此时，右手的劳宫穴与右肩井穴相合，意念集中在右肘和左膝，这样就能够增强肘法的整体劲道，使其威力加倍。肘法灵活多样，攻击力强，歌诀形容如下："艮如覆碗应体间，又如大山势巍然。山崩地陷非等闲，蚍蜉撼树难煞难。"

拳论曰："肘劲义何解，方法有五行。阴阳分上下，虚实须辨清。连环势莫当，开花捶更凶。六劲融通后，运用始无穷。"这段话强调了肘劲的复杂性，指出其有五行的方法，上下的阴阳之分，必须清晰辨别虚实。不要误以为连环势就是肘劲，而开花捶更是肘劲中的凶猛技法。只有在六劲融通之后，才能使肘劲的运用变得无穷无尽。在传统陈式太极拳中，三十六肘靠就是体现连环进击的典型肘法。

8. 靠劲巽下断（☴）

靠

在掤的状态下，太极拳推手中以躯干和头部位置体现的八门劲法皆称为靠劲。靠劲的主要方法包括头靠、背靠、肩靠、胸靠、胯靠。靠劲是一种近身攻击的方法，当贴近对方身体时，靠击的方法尤为适用。

以肩发靠劲为例，通过意念想象脚底虚空，将身体力量集中到一侧肩部，便能够产生有力的靠劲。在这个过程中，虚实的变化也尤为关键。脚底先空虚脚，再空实脚，这意味着虚脚易空、实脚难空，但只要意念中实腿欲提膝走路，即实中有点虚，连中有点断，阴中有点阳，就能实现虚空实脚的状态。这就如同太极阴阳图中阴中的一点阳。脚底产生太极阴阳图后，身上的太极拳靠劲就得以产生，打击力量也会自然而然地显现。靠的含义在于巽下断，并非要双脚离开地面，而是指下盘要形断意连。

巽卦代表风。在使用靠劲时，要想象脚底生风，这样靠劲就会自然而然地产生。运用靠劲时，应有意无形，让对方看不到任何明显的发劲动作，只在贴近对方肢体时让其感觉到我方靠劲不可阻挡。被靠劲打出去时就如同秋风扫落叶一样，应声跌倒。歌诀形容如下："巽在卦位体下阴，两足生风踩祥云。任你侵犯进吾身，望风扑影形无真。"

靠击也是一种进攻之法，如拳论中所云："靠劲义何解，其法分肩背。斜飞势用肩，肩中还有背。一旦得机势，轰然如捣碓。仔细维重心，失中徒无功。"陈式太极拳套路动作"野马分鬃"、吴式太极拳中的"斜飞式"就是运用肩靠劲的典型拳架动作。巽卦不仅可以作为靠劲的练习方式，还可当作桩功来练习，有助于养生。巽卦桩的练习方法简单易行，效果显著。通过心念入定、全身放松，想象脚踏祥云、脚底生风，可以达到很好的养生效果。这种练法使身体内部产生神奇的变化，手上也会产生八面支撑的劲力。这是传统武术桩功的基本练习法，为太极八卦的同一理念提供了实践基础。

太极拳八法与八卦的对应关系源于人体天然结构与八卦的相互关联。人体表里完全是一个八卦组合体，以腰为太极，两内肾形成太极图，呈左高右低且合拢的双鱼太极。太极拳的八法分为心法与身法，体现了内家拳的特征，与外家拳和现代搏击有显著区别。

八卦的每一卦象用三条爻线表示，而人体各部位也都如卦象，如上、中、下三盘，四肢三节，经脉阴阳等。丹田与六球同样与八卦的"乾三连"（☰）和"坤六段"（☷）相对应。人体后部有"后三关"（尾闾关、夹脊关和玉枕关），面部分三层，口鼻间有人中穴位，呼应天、地、人三才之象。人体脐以上为天，脐以下为地，肚脐即神阙穴，类似卦象的构成。

人体内外都是阴阳爻的组合体，如左阴右阳、下阴上阳、五脏阴六腑阳等。人体即卦象，卦象似人体，都是阴阳的组合。在交战前，观察敌人上、中、下三盘的虚实状态，就可以判断对方功夫的深浅，从而避实就虚，攻其不备。太极拳的八法动作，包括心法和身法的协调配合，是一种"变卦"的过程。

太极拳架动作与易理相合:"一圆即太极,上下分两仪,进退呈四象,开合是乾坤,出入综坎离,领落错震巽,迎抵推艮兑。"[①]太极拳通过动作的变化,体现了易理中的卦象变化,使之与外家拳显著不同,是一种高度协调的内家拳术。

(二)太极拳与五行生克

《易经》里有"木火土金水"五行,太极拳含前进、后退、左顾、右盼、中定五步之法。这五种步法分别对应着人体的脏腑经络,同时也与五行一一照应:前进属水、后退属火、左顾属木、右盼属金、中定属土。

1. 前进

前进

前进在五行中属于水。水的性质以柔为贵,方位则归属正北,位于坎位。与之对应的人体穴位是会阴穴,属于任脉。粘劲的劲源就存在于会阴穴,只需将注意力集中在会阴穴,眼睛朝前上方看,身体就能自然

---

① 和有禄:《和式太极拳谱》,人民体育出版社,2003,第2页。

向前进步。虽然从外表看，进步仅表现在步法的移动上，但从身体内部劲路的运行角度看，这种内劲即为粘劲。

粘劲的主要目标是前进。粘劲具有主动性，通过自己的手、腕、臂与对方的手、腕、臂进行粘连，将对方牵引起来，使其引进而落空，达到轻松移动对方的目的。在太极拳推手中，粘劲是至关重要的基本内劲，要求身体轻灵，全身放松，尤其是手部不能用力。粘劲犹如垂钓，身体宛如鱼竿，特别是脊柱部分，要保持中正和舒适，胳臂则好比鱼竿上的软线，手和腕部可类比为鱼钩。为了利用粘劲将对方引起，这种劲必须从劲源会阴穴发动，通过臂传递至手或腕部，手臂应保持松软自然，手和腕应该保持轻灵。

在这种情况下，不论是主动粘还是被动粘对方，都能达到理想的效果。反之，如果手臂用力，臂部僵硬，就好像用硬木棍在垂钓，稍有移动就会将这股动能传递到鱼线上，导致鱼受惊而逃。

2. 后退

后退

后退属于五行中的火，火具有化解万物的特性，方位在正南，对应离位。人体的相应穴位是印堂穴,该穴属于经外奇穴。连劲的劲源位于印堂穴,若欲后退,只需将注意力集中在印堂穴,眼睛向前下看,身体即自然产生退意。从外表上看,退步仅在步法上表现出来;而在内在方面,则为连劲。

连劲,即连续、连贯的劲。它是一种连绵不断、不离不脱、无停无止、无声无息的力量。在太极推手中,进退应当相辅相成,化解和发力相得益彰。在连劲的运用中,身体看似往后退,实则意气在前进,这是以退为进的一种策略。"进则要有粘,退则要有连",其中蕴含着无穷的奥妙。

对初学者而言,当对方用力推来时,若缺乏连劲,仅仅身体后退,就容易形成不利的局面,仿佛兵败如山倒。真正理解连劲之后,就能够体会屈、伸、动、静之妙,以及开、合、升、降之效。正所谓"见进则退,遇出则合,看来则让,就去即升",若能达到这一境界,可算是进入了懂劲的境地。

3. 左顾

左顾

左顾属于五行中的木,木性具有曲直之特点,方位在正东,属于震位。人体的相应穴位是夹脊穴,这并非一个独立的穴位,而是脊柱左右旁开半寸的两条线,属于经外奇穴。粘劲的劲源位于夹脊,若欲侧转前进,只需将意念集中在夹脊穴,往实脚上的涌泉穴落下,身体便会自然侧旋向前。从外表上看,这仅在步法上有所表现;而在内在方面,则为粘劲。

粘劲,顾名思义,如粘如贴,不丢不顶。对方进攻时,我方退;对方退缩时,我方进。彼浮我随,彼沉我松,丢之不开,挣之不脱。在太极推手中,粘劲可化解对方的掤、挤、按等进攻手法。在对方进攻时,我方全身保持放松,尤其要注意手臂的松散,避免与对方的来势顶抗。如果手臂用力反抗,将暴露腰部劲源,反抗的手臂可能成为对方攻击的突破口,容易被对方通过劲端击中劲源。因此,应在对方的来势接触自己身体之前,即刻全身放松,紧接着意念集中于夹脊穴,对准对方的来势接触点,轻柔地粘住并向侧面移动,使对方无功而返。需要注意的是,粘劲在对方的来势落空但未跌出前,不可脱离与对方的接触。

4. 右盼

右盼

右盼在五行中属金,金性凉降,方位在正西,居于兑位。人体对应的窍穴是膻中穴,属于任脉,而随劲的劲源则源自膻中穴。若欲侧转后退，只需将右手抬至与乳平（即以拇指与膻中穴相平），同时左手抬起至肚脐与心口之间，左右两手心均向下，意念于膻中穴微合，眼睛随左手食指向下看，身体便会自然地侧转后退。上述为左虚右实，反之亦然。从外观上看，右盼仅表现在步法移动上；而在内在方面，则为随劲。

随劲，即顺随、跟从之劲，缓急相随，不即不离，进退相依，不先不后，舍己从人。太极拳一直强调"舍己从人"的理念，即在对方主动时，我方要能被动地跟随其动作，灵活变化。对方接触自己身体的哪一个部位，我方就相随并灵活调整。例如，对方接触我方手部时，我方手部应该保持放松并保持灵活性；对方接触我方肘部时，我方肘部也要松软并保持灵活；我方接触我方胸部时，我方胸部同样需要保持松软和灵活。但要注意的是，在对方接触我方手部的同时，我方意念要集中在劲源的膻中穴上，以膻中穴与手对正，轻轻相随，如此类推，对方接触我方身体的哪个部位，我方膻中穴即与该部位微微相合，随其动而动。

要明确不丢不顶的真正含义：对方进一尺，我方退九寸，少退一寸即为顶；对方进一尺，我方退一尺一分，多退一分即为丢。只有在不丢不顶的情况下，才能引进落空，巧妙地利用对方的力量来反击。

5. 中定

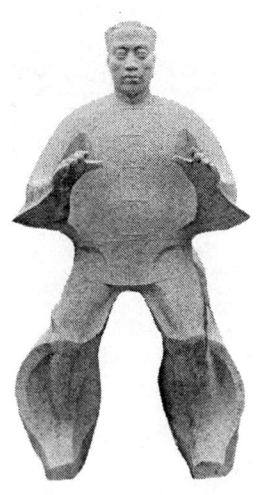

中定

中定在五行中属土，土性湿，其方位处于正中央。人体对应的窍穴是丹田穴，属于任脉。中定劲源在丹田，欲保持稳固的重心，只需将意念集中在丹田和身后的命门穴，即刻如泰山一般稳定。因此，五步对应五行，五行在人体中又对应五个穴位。从外表上看，这体现在步法的中定上；而内在的体现，就是不丢不顶的劲。

不丢不顶的劲需要内外兼修，只有内外相得益彰才能达到灵活柔和的状态。"中定不离位，含胸把腰松。"对方的来势可能是高低、横竖、左右、长短，而这些都在不断地发生变化。我方必须首先稳住下盘，才能巧妙地应对对方的来力。在应对对方来力的过程中，注意力要放在丹田。当力从前方来时，要想象肚脐向后贴命门；力从后方来时，则要想象命门向前贴肚脐。不要与来力相抵抗，而是将对方的来力引进落空后，我方的劲源立即发力，使对方弹跳跌出。手或臂在感知到对方来力时，要迅速放松变为虚，如有偏重则更加松散，如遇到双重的力，要适度偏沉，随着对方来力的方向卸去他的力，毫不抵抗，使对方在任何地方都无力可施，处处落空。

正如拳论所言："左重则左虚，右重则右杳。"保持意念守住丹田，变化在肚脐和命门之间，全身松静，保持我顺人背的状态。如能达到这样的妙境，即便对方施加千斤巨力，也无处用力，真正做到玄妙轻灵，四两拨千斤。

沾连粘随，即不丢不顶的内劲。这种劲主要体现在步伐的进退之中，是太极推手中最为基础和重要的内劲之一。掤、捋、挤、按、采、挒、肘、靠八法，都可以通过动作姿势外显，被称为"阳劲"；而沾、连、粘、随这四种劲则无法通过固定的姿势来标榜，而是蕴含在具体的动作之中，因此被称为"阴劲"。沾、连、粘、随这四种劲需要通过推手的演练才能逐渐掌握。刚开始练习时，双手感觉迟钝，僵硬如同木棍。随着推手练习的深入，逐渐培养出敏锐的触觉，从手部逐渐延伸至臂、胸、背，甚至周身上下的皮肤。这种触觉如同粘黏一般，有了粘黏劲，就能够吸附住对方，使其无法自由行动，被我方所制。

当粘黏劲练习到一定境界时，皮肤上会形成一种云雾状的气，如同漆一样黏稠。一触及对方，即可做到不丢不顶。这种状态不仅仅局限于双手，而是贯穿整个身体。高超的技艺、厚重的气质以及扩散的面积都会随之增加。但这种气质并不可见，只能通过感觉来体验，因此高手在推手时，只需轻轻搭手即可洞察对方的水平，这主要取决于彼此粘黏圆圈的大小。这种劲是太极推手练习中最为基础和重要的力量。初学者必须通过反复的实践和练习，方能逐渐领悟和掌握。

总体而言，太极拳是以手运八卦、脚踩五行为基础，以"天圆地方"为追求目标，上法天道，下效万物，蓄劲画圆，发劲走方，循环不已，源源不断。

四、太极拳理的"阴阳"之道

自然界以天为阳地为阴，昼为阳夜为阴，春夏为阳秋冬为阴。太极拳以动为阳静为阴，升为阳降为阴，开为阳合为阴，上为阳下为阴，进为阳退为阴，实为阳虚为阴，掌背为阳掌心为阴，头为阳脚为阴。太极拳里这些阴阳概念对立统一，缺一不可，且可以相互转化。

太极拳的拳架以《易经》之理为拳理基础，取象于形（画圈走圆），取义于阴阳变换之理。以人身为太极，太极即天地，天人合一，道法自然。宇宙有天地、四时、八节（立春、立夏、立秋、立冬、春分、秋分、夏至、冬至）；人体有首足两端，左右肩胯四大节，两肘、两手、两膝、两踝八小节。

陈式太极拳按照练习者身体阴阳刚柔比例，把太极拳功夫划为五个层次："一阴九阳根头棍，二阴八阳是散手，三阴七阳尤觉硬，四阴六阳类好手，唯有五阴并五阳，阴阳不偏称妙手，妙手一运一太极，太极一运化乌有。"太极拳练到阴阳相等，就是五阴五阳，是太极拳功夫最高的阶段，现实中能达到这个层面的人极为少见。这是一个目标，也是太极拳修炼的方向。太极拳功夫的五个层次，标志着练拳者功夫的深浅程度和水平高低。

第一层功夫即"一阴九阳"，是太极拳练习的初级阶段。表现为刚猛之劲相对较多，柔和之劲相对较少，身体僵硬，动作不连贯，呼吸不平稳。此阶段，练习者务必谨遵师命，从学习拳架的基本动作开始，严格遵循正确的方向、角度和位置，并掌握每个动作的运行路线和要点、要领。此阶段要以呼吸平稳和去除身体的僵劲为目标。一个准确的拳架是太极拳练习者入门的基础，也是练习者踏上"体悟"之路的必要条件。因为只有拳架正确，才能使身体产生柔劲、气感；拳架若不准确，动作出现偏差和凸凹，不仅不会产生内气，还有可能事倍功半，导致身体不适，产生与期望相悖的结果：发出的劲刚多柔少，生硬刚猛，就像"根头棍"一样没有弹性，更没有韧性。

在此阶段，除了要充分领会动作要领，还要端正思想，持之以恒，勤学苦练，每天保证足够的拳架练习时间，只有这样，才能实现量变到质变的突破。一般来说，经过半年的时间，练习者可以熟练掌握拳架，并且随着锻炼质量的提高，逐渐引起内气在肢体内的活动。

因此，这一阶段也被称为"以外带内"阶段。在这个阶段，练习者的动作务必先求开展，后求紧凑，才能更好地体会通过外在动作来引导内气运行的感觉，这也是由着熟而渐悟懂劲的过程。

第二层功夫即"二阴八阳"，是太极拳练习的进阶。与初级阶段的"一阴九阳"相比，这一阶段的任务主要是减少身体僵劲和拙力，追求内外协调一致。目标是使内气能够随着拳架姿势的运动在体内流动，实现一气贯通。在完成第一层功夫后，练习者已能熟练地按照拳架动作的要求进行练习，并对内气活动有了明显的感觉。然而，要达到对内气的精准控制，仍然需要解决内外协调不够导致的矛盾，以及产生拙力和僵劲的问题。

第二层功夫对身体各部位的要求非常严苛，更需要师傅的口传身授和悉心指导，以解决顺遂与顶抗之间的矛盾，实现气遍全身、内气一贯的要求。在陈式太极拳练习中，一招一式都要贯彻缠丝劲，强调缠丝法和缠丝劲在练习中的应用。缠丝劲有顺缠和逆缠之分，大拇指领劲手往外转的手法为顺缠，大拇指领劲手往内转的手法为逆缠。缠丝法的表现形式在上肢为旋腕转臂，在下肢为旋踝转腿，在身躯则为旋腰转脊。这三者的结合形成了一条由脚而腿、腰达于手指的空间旋转曲线。

在练拳时，如果感到某一动作有不得劲的地方，可以依据缠丝劲的原理，通过挪动腰腿来进行自我校正。此阶段的训练旨在确保拳架动作的顺遂与协调。

"沟渠不塞而水行，经络不闭则气通。"练拳时，动作的偏差会导致内气受阻而中断，内劲无法运行到四肢梢节。所以，通过刻苦训练，使身体各部位符合拳架动作的要求，就可以解决内气不畅的问题，实现内劲的节节贯穿。这个过程就好比疏通水渠，捋顺经络，让内气畅通，达到四肢梢节。总的来说，第二层功夫还没有走出"以外带内"阶段，但是，练习者已经能感觉到内气在体内逐渐充盈，越练越有乐趣，越练越有感觉。

第一层、第二层功夫中，动作与呼吸只是机械地相互配合，内外尚未完全合度。所以，在第一层功夫和第二层功夫阶段，练拳时一定要自然呼吸，怎样自然呼吸呢？比如做一个动作时应该是呼气，但由于练习者对这个动作不熟练，吸气了，那么就吸气，做后面的动作时慢慢调整呼吸就行了，千万不可生搬硬套。随着练习太极拳质量的提高（进入第三层功夫），动作比较协调，内外基本上能够合一，一般的动作也会自然地与呼吸准确地配合起来。

正如拳谚所说："要想拳练好，需把圈练小。"太极拳的练习步骤要求由大圈到中圈，再由中圈到小圈，最终达到由小圈而无圈的境界。如果说陈式太极拳的第一层功夫和第二层功夫是大圈阶段，那么第三层功夫就进入了中圈阶段。

第三层功夫即"三阴七阳"阶段,也就是所谓的中圈阶段,内在上已经由"以外带内"向"以内催外"过渡。这一阶段,拳架幅度适中,动作比较自如,内气进一步充裕,内气的运行与外在动作的配合也逐渐协调。这个阶段,要求练习者不仅要注意内气的贯通和运行,还需达到内外相随、周身协调的境地。练习者要在每一招、每一势中将意念与气贯通,通过以心行气、以气运身的方式,实现内外的统一。此时,内气的流动不仅发于丹田,还通过经络运行,最终贯注于四肢梢节,形成圆转轻灵的状态,逐渐产生以内催外的效果。

第三层功夫标志着练习者已经掌握了太极拳的内外要求和运动规律,具备了自我纠错能力,可以自主进行深层次的太极拳修炼。在这一阶段,练习者需要依次领悟技击方法,明确每个招式的技击含义。同时,通过对抗性推手实践,检验自身拳架是否标准,发现练拳过程中存在的问题,并测试内劲和发力的质量。

太极拳练至第三层功夫时,大脑与肌肉之间能够实现准确的交替活动,形成协调的动作体系。在这一阶段,肌肉的活动与内脏器官建立了巩固的协调关系,实现了"一动无有不动,一静无有不静"的状态。通过以腰为轴,节节贯穿,周身上下缠绕螺旋,太极拳达到了"混然一圆"的境地,形成了一个坚固而完整的体系,即"周身一家"。

然而,在第三层功夫中,练习者虽然能够做到内气贯通、动作协调,但若遭受外界强力攻击,可能导致身体方寸尽失,攻防无序,陷入被动挨打的局面。这是因为内气虽然贯通,但仍相对薄弱,肌肉与内脏器官之间的协调体系尚不够稳固。在对抗性推手和实战技击中,面对进攻速度快、力量强大的对手,可能感到自己的掤劲不足,难以保持平衡身法。在对方发劲的同时,即使能将其引进落空,发劲的干脆度也不够,带有勉强和生硬的痕迹。因此,太极拳练习者在第三层功夫中面临着内气充足度不够、周身攻防体系不够坚固的挑战,故有"三阴七阳犹觉硬"之说。鉴于此,在第三层功夫阶段,增加一些太极拳器械的练习内容,也是大有裨益的。

第四层功夫即"四阴六阳"阶段，也就是所谓的小圈阶段，内在已经由"以内催外"向"内外兼修"过渡，标志着太极拳修炼进入高级境界。此时练习者已经完全掌握了太极拳的练习方法、每一势的技击含义，内气运行、呼吸与动作也能协调配合。在练习太极拳时，不仅能做到意念与气贯通、气到力到，还能时刻保持实战意识，仿佛在战场上与敌人对峙一般，招招连贯，周身一体。第四层功夫的练习强调临敌之意，"练拳时无人如有人，临敌时有人当无人"。

第四层功夫与第三层功夫在练习项目上相似，但在技击方面存在显著差异。第三层功夫注重化解对方进攻，解决自身矛盾，达到己顺人背，然后反击；而第四层功夫则可在化解对方进攻的同时迅速反击，标志着进入高级境界。这是因为在第四层功夫阶段，内劲已经非常充足，意气灵动，周身体系相对巩固。在推手时，对方的进攻不再对我方构成威胁，我方能够灵活变换身法将其劲化解。此阶段的动作小而准确，威力强大，内外转化流畅自如，具有高度的灵活性和变化性。在交手时强调以对方的反应为准，通过不显露形迹的变化，巧妙地化解和发劲，使整个动作如行云流水，几乎看不出有动作，达到了太极拳的高级境界。

第五层功夫即"五阴五阳"阶段，也就是所谓的由小圈到无圈阶段，内在、外在已经统一，实现了"内外兼修"，标志着太极拳修炼已登峰造极。在这一阶段，技击达到了刚柔相济、弹抖松活的高级水平，然而，练习者仍需要不断努力，精益求精，因为这并非一蹴而就的。即便已经达到刚柔相济，其质量也存在差异。柔劲固然可以克制刚劲，但若两者质量悬殊，依然会面临挑战。柔劲再高明，也仅能应对普通对手，而对于强大的刚劲，可能难以应对，这是因为柔不能过分克制刚，而刚亦可克制柔，这是太极拳的精妙之处。拳论中有"出手不见手，见手不能走"，说明在这一阶段，对手的攻击难以预测，形成出手不见手的局面。只有在面对劲敌时，内劲迅速发动，如烈风迅雷一般摧枯拉朽，才能取得胜利。这需要双方功夫水平相当，是刚柔相克的高级体现。

太极拳达到第五层功夫后，已然炉火纯青，登峰造极。周身无处不太极，一动一静皆自然流畅。其内在虚实变化不可捉摸，外观空灵且变幻莫测。完成了这一层次的修炼，内劲充沛且灵活顺遂，可实现虚实的转换，外表看似不动却在微妙中变化。

第五层功夫看似已经是太极拳修炼的极致，肌肉、内脏、大脑等各个层面均实现了高度协调，展现出太极拳的精妙之处。但是，太极拳的修炼无止境，永远无法尽其妙。如果练习太极拳单纯为了修身养性、自娱自乐，套路动作可以不用严格要求，用意不用力就好了，就像意识体操那样，练习起来轻松柔和、舒展大方。如果要练习太极拳功夫，就要轻而不浮，沉而不僵，外柔内刚，柔中寓刚。

综上所述，太极拳的五层功夫是循序渐进、逐步提高的，不是一蹴而就、迅速直达的。第一层功夫阶段好比刚出土的幼苗，尽管水、肥充足，成长得仍然很慢；第二层功夫阶段好比幼苗到了拔节前期，孕育着更快的成长趋势；第三层功夫阶段就好比幼苗拔节一样，一天一个样；第四层功夫阶段时已经枝繁叶茂；第五层功夫阶段时就硕果累累了。练习者不能跨越第一、二层功夫直接上升到第三层功夫，更不能跨越第三、四层功夫直接达到第五层功夫。太极拳修炼不可能一蹴而就，更不能拔苗助长。我们要尊重运动的形成过程，更要运用科学的训练方法，既要保持平和的心态"感悟"，阴阳相济；也要在实践中大胆"体悟"，内外兼修。

第二节　道家哲学对太极拳的影响

一、《道德经》的核心思想

《道德经》作为老子思想哲理的概括与总结，从"道"上阐述了宇宙万物的运行规律，指出万物本源的"道"就是全人类应该效法的最高行为准则。它告诫人们：世间的许多问题都能用"道"来解决，只有顺从"道"的规则才能使人生和客观世界的发展变得更加圆满顺畅，这就是"道法自然"的巨大力量。

《道德经》里"道"的智慧主要给人们四点启示：第一，"道"是形成天地万物的本源；第二，"道"是宇宙万物存在和运化的依据；第三，"道"是支配物质世界运动变化的普遍规律；第四，"道"是人类社会应当也是必须遵循的最高行为准则。

"道可道，非常道；名可名，非常名。""道"其实就是宇宙真理实相、事物产生的根源。"可道"是能用语言文字表述的，就是可以说出来、写出来的。"道可道，非常道"的大意是说，人类可以说出来、写出来的就不是真正的"道"。"名"就是现象世界里所有的物质、所有显相出来的一切。"可名"就是人类给某种可见的物质贴上标签，取上名字。"名可名，非常名"的大意是说，可以称说的名称，不是永恒不变的名称。"道"即宇宙的本体从来就是隐而未显的，显相出来的才能取名。老子告诉我们，现象世界的一切都是来自这个未显的"道"。这个"道"是宇宙本体，它演化一切。

"道"化生宇宙万物之后，其道性便蕴含于万物之中。以水为例："水善利万物而不争，处众人之所恶，故几于道。"水为什么最接近"道"呢？水本来是纯净的，但为了净化他物而把自身弄得全是污浊，最后还要流到低洼之地，不再被人重视。像水这样为了他人而牺牲自我，最后还落到人人都不愿去、受轻视的地方，这种"甘愿付出，不求回报"的精神就是"道"的品质。与此同时《道德经》还写道："天下莫柔弱于水，而攻坚强者，莫之能胜。"意思是，天下最柔弱的，莫过于水，用它去攻击最坚强的，没有不胜的。在克服困难时，水又变成最坚强的。《道德经》就是以水喻"道"，用水的柔弱与顽强来形容"道"的特性。水的好品格是默默无言地滋润万物而且不与万物相争，安然地停留在众人所厌恶的卑下地方并且无怨无悔，所以像水这样的品格最接近于"道"。这是"道"中"不争而守弱"的表现。

"道"是支配物质世界运动变化的普遍规律，天地万物是不断发展变化的。首先是由正面向反面转化，"持而盈之，不如其已；揣而锐之，不可长保"，体现了事物的发展是有限度的物极必反。其次是由反面向正面转化，"曲则全，枉则直"，现实生活中的自然现象体现了这样的转化。最后矛盾双方互相转化未有穷尽，"祸兮，福之所倚；福兮，祸之所伏。"综上所述，作为支配物质世界运动变化的普遍规律的"道"，其内涵是矛盾对立统一规律，告诉人们要用全面的观点看问题，既要看到事物的正面又要看到它的对立面，把握它们相互转化的规律。

二、道家哲学与太极拳拳理

（一）人生之道当如太极之道

老子曾言："夫物芸芸，各复归其根。归根曰静，是谓复命。"在这一理念中，追求静心、精神内守。太极拳则通过动静相协调，在身心健康中发挥作用。练习太极拳强调调身、调心、调息，使意念与身体达到和谐统一，包括含胸拔背、松肩垂肘、尾闾中正、神意贯顶、气沉丹田、脚分虚实等强调全身协调性的整体运动。太极拳主张"以静制动"，在动作中保持内心宁静。在当今社会快节奏的生存环境下，人们面临着巨大的工作和生活压力。太极拳的练习有助于人们在繁忙中保持内心平和，通过冥想和放松来调整心态，提高应对能力。

太极拳的练习是一个从无到有、自有而无、无中生有、有复还无、无为而为的过程。它强调以意导气，通过专注的意识引导身体的运动，有助于调整身体和心灵。太极拳的运动方式不同于一般的拳术，要求练习者全身放松、呼吸调匀、心无杂念、轻灵松活、外柔内刚、周身和谐。太极拳不仅要求外在平和自然，舒展大方，移形换步，处处太极，更要求在神意上、心情上也要平静、自然，焕发出生命的本能和力量。当今社会心理健康问题越来越受到关注，太极拳以意导气的理念提醒人们关注心灵健康，通过冥想和良好的情感表达来维护内心平衡。

太极拳的练习还要求在动态平衡中保持阴阳平衡，包括肢体的外在平衡（左右平衡、上下平衡、虚实平衡）和意识上的内在平衡（神意平衡、意气平衡）。长久练习可提高自我控制能力，即在纷乱复杂的情况下保持冷静、清醒，审时度势，巧妙化解问题。这种能力表现在技击上，体现为急来急应、慢来缓随，以及后发制人的能力，在任何情况下均能保持沉着冷静的态度。

总体而言，太极之道与人生之道在当今社会更显重要。它教导人们如何在繁忙的生活中保持内心的平静，灵活应对变化，通过修炼心境，追求身心的和谐统一，适应社会的快速变革，引导人生朝着更加健康、有意义的方向发展。

（二）道家哲学对太极拳价值的影响

中华武术深受道家思想的影响，作为内家拳代表的太极拳更是如此，道家的养生理论和修炼方法被融摄于太极拳的文化和技术之中。老子关于无为、贵柔、尚雌、崇阴、法水、主静等思想精神和观念与中国武术文化相融合，形成了现代武术技术的指导思想和理论。

内家拳的实践原则和理论，主要来自道家哲学思想。阴阳、五行、八卦等概念自汉朝以后,主要为道教所吸收并加以发展。道教为了建立自己的"天人合一"的神学体系及神仙修炼体系,创立了以黄老学说为指导,以易理为基本结构的内、外丹修炼方法体系。这种理论方法体系,为武术文化提供了丰富的资料。宋明时期,以道家贵柔持静为原则,以阴阳、五行、八卦、太极等易理为指导的内家拳的出现,与道教理论实践的发展有着密切关系。因此,太极拳套路注重整体运动,要求身体的各个部位协调一致,动作之间衔接流畅。每个动作都包含掤、捋、挤、按、采、挒、肘、靠的手法和前进、后退、左顾、右盼、中定的步法,并且与八卦、五行相对应,体现了贵柔守雌的练习原则和对道家理论的借鉴。

"道在养生"是道教的基本追求,而"贵生""重生""全生"等养生思想观念亦深刻影响了本土的武术文化,以太极拳、八卦掌、形意拳为代表的内家拳术受道教思想影响更加深刻,都鲜明地突出了养生价值。如道家功法修心理论中的清静、寡欲、坐忘、守一、养性、存思等,修命固形方法中的服气、胎息、辟谷、药饵等,甚至内丹术中的导引吐纳术也被广泛运用于太极拳的呼吸方法之中。这些观念和方法,不仅仅体现于太极拳动作招式等技术之中,还在太极拳的思想观念中也有所显现。因此,太极拳不仅追求外在的形式,更注重内在的修炼。通过静态的姿势和冥想,练习者能够更好地领悟"以静制动"的原则,将内观融入动作的执行过程。所以,道教文化的融入使太极拳发展为集强身健体、防身自卫、修身养性为一体的武术实践体系。

太极拳的套路和动作不仅仅是形式化的拳术动作,更是道家思想在身体运动中的具体体现。通过这些核心观念的贯穿,太极拳具有了一种深刻的哲学内涵,让练习者不仅获得了身体的健康,更领悟到了生命的和谐。

第三节　儒家思想对太极拳的影响

儒家思想在中国传统社会中长期居于正统地位，尤其是宋明理学对儒学的重新阐释，使儒学获得了空前发展和社会认同。作为中国传统文化载体的太极拳，也深受儒家思想的影响。

一、儒家的核心思想

儒家作为中国传统文化的主要思想流派，以其核心理念仁、礼、义、智、忠、孝等深刻影响着中国历史的方方面面。

仁是儒家推崇的最高道德范畴。孔子的"己所不欲，勿施于人"强调了对他人的体谅和尊重，在历史现实中为社会奠定了道德基准，不仅影响了统治者治理社会的方式，也塑造了普通民众的行为准则。

礼作为儒学的重要组成部分，包括行为规范和仪式礼仪。在《礼记》中，礼被认为是维系社会秩序的关键，具有调和人际关系、维护社会和谐的作用。儒家的礼制思想在中国传统社会的政治、家庭和社会生活中发挥了重要作用，形成了丰富而独特的礼仪文化。

义作为儒学的要素之一，强调个人对社会责任和义务的履行。儒家经典中对于公共利益的关注表现为对义的追求。儒家认为，通过追求义，可以实现社会的和谐与稳定，提倡个体为社会作贡献，服务大众。

智作为儒学中的重要元素，不仅强调个体的智慧，也强调领导和治理的智慧。儒家经典中的"知止而后有定，定而后能静，静而后能安"表达了理性思考、明智决策对于社会的稳定与治理的重要性。儒家的智慧思想影响了统治者的治理方式，强调智者的领导在社会发展中具有关键性作用。

忠、孝作为儒学的重要内容，体现了对家庭和社会秩序的重视。忠指对君主或国家的忠诚，孝指对父母的孝顺。在历史现实中，儒家的忠、孝观念影响了家庭伦理的传承，强调了家庭在社会中的基础性作用，把个体、家和国凝结成一个有机整体。

二、儒学与太极拳拳理

儒家核心思想与太极拳拳理在多个方面呈现相互关联，共同强调人与自然、社会的和谐，注重平衡、道德修养和自我完善。

首先，儒家所强调的仁、礼、义等价值观念与太极拳拳理中的阴阳互补、平衡思想相互呼应。儒家的仁爱、孝悌，以及礼仪规范，与太极拳拳理中追求动静相济、阴阳协调的理念相契合。太极拳追求内外一致，强调相对平衡的原则，与儒家追求个体与社会、人与自然的和谐一脉相承。

其次，太极拳拳理所强调的"以柔克刚""以静制动"与儒家思想中"和而不同""宽柔而正直"等理念相互融通。儒家强调通过柔和的方式解决矛盾，以谦和的态度处理人际关系，与太极拳拳理中强调的柔和、顺势而为的原则相辅相成。

最后，儒家和太极拳均注重自我完善和人生境界的提升。儒家主张通过修身立德，追求完善的人格，太极拳亦倡导通过不断练习，提高个体的身心境界，实现人生的自我完善。两者在个体发展和人生追求上都寻求协调和提升。

总之，儒家核心思想与太极拳拳理在追求和谐、平衡、修身养性等方面展现出许多共通点，凝聚了中国传统文化对于人与自然、个体与社会和谐相处的价值观。太极拳作为身体文化符号，不仅对传统武术理论产生深远影响，也为当代运动健身理念的构建与形成提供了具有现实意义的文化价值。

(一)太极拳伦理的礼让观

仁、义、礼、智、信的相互渗透构建了儒家文化的核心。这虽然是古人对人与人、人与社会之间关系的一种观点,但作为中国传统文化的一部分,它不仅丰富了太极拳的拳性、拳理,使太极拳具有了修身养性的价值功能,还为太极拳社会功能的转变提供了理论养料。太极拳礼让的伦理观在一定程度上也遵循着儒家思想。如太极拳在拳技切磋和实战中讲究"先礼后兵""人不动,己不动""后发而先至"。太极拳中的礼让是建立在对自身拳技高度自信基础之上的从容与洒脱,更是"随屈就伸,舍己从人"武学智慧的体现。

(二)太极拳拳理的中庸思想

太极拳拳理中的中庸思想源于儒家思想中的中庸理念,强调在身体动作、呼吸和意念的练习中追求平衡、和谐、不偏不倚的状态。

太极拳拳理中的中庸思想体现在动静的平衡上。在太极拳的练习中,强调以柔克刚、以静制动。动作之间相辅相成,不刚猛过度,也不过于柔弱,体现了中庸思想的原则。练习者通过保持动作的平衡,达到动与静的和谐统一,追求身体的自然、流畅和舒展。

太极拳中的中庸思想体现在阴阳的协调上。太极拳拳理强调阴阳的互补关系,通过练习追求阴阳的平衡。阴阳的协调在儒家思想中也有所体现,儒家注重动静、刚柔、阴阳的平衡,认为在这种平衡中能达到道德修养的最高境界。

太极拳中的呼吸法也体现了中庸思想。正确的呼吸是太极拳练习的关键之一,太极拳注重通过深而均匀的呼吸来调和身体的气息。这种呼吸方式不仅有助于提高气量,也能调整身体的阴阳平衡。儒家中庸思想中,呼吸也被视为调整身心平衡的一种方式,通过深呼吸达到心境平和、体态舒展的目的。

在太极拳的意念中,中庸思想体现在意念的平和和集中上。练习者在进行太极拳动作时,需要集中精神,保持内心平和。这与儒家思想中的中庸之道相契合,心态的平和与集中正是中庸思想的具体实践。通过保持内心的平静,太极拳练习者能更好地体会身体和意念的协调,达到身心合一的境界。

以太极拳中的"抱球"动作为例,这一动作要求练习者以均匀而深沉的呼吸,以平和而集中的心态,通过动作的平衡和阴阳的协调,实现身体的平稳运动。这与儒家中庸思想中追求内在平衡、心性平和是一致的。通过这一动作的实践,练习者不仅在身体上得到锻炼,更在心灵层面体会到中庸之美。

所以,太极拳拳理中的中庸思想与儒家思想有着深刻的内在联系。在动静平衡、阴阳协调、呼吸调和、意念平和等方面,太极拳的实践体现了中庸思想的核心原则。这一思想不仅在太极拳的身体锻炼中得以体现,更为修身养性、追求内在和谐提供了实际指导。

(三)太极拳运动中的天人合一思想

太极拳作为中国传统武术形式,与儒家思想中的天人合一理念深刻契合,不仅在理念、实践和内在精神上体现了这一思想,同时也为当下社会现实提供了深刻的启示。

首先,太极拳的阴阳观念与儒家的天人合一思想相呼应。儒家强调人与自然、社会的和谐共生,而太极拳的阴阳理念体现了这种协调与平衡。在现代社会,人类活动对自然环境产生了巨大影响,太极拳的阴阳观念提醒我们应该追求与自然的和谐共处,以实现社会的可持续发展。

其次,太极拳注重"意"的运用,与儒家心性修养的理念相一致。在当今社会,人们往往面临巨大的生活压力,太极拳的专注意念引导动作的练习方法为现代人提供了一种调和心灵的方式,可以帮助个体保持内心的平和与安宁。

太极拳的"内外一致"原则与儒家强调内外合一、言行一致的观念相契合。现代社会对于个体在职场和社交中的表现常常有较高要求，太极拳的内外一致理念提醒我们要保持内在与外在的一致性，展现真实的自己、活出自己，不虚伪做作。这与儒家天人合一的思想相符，倡导个体在社会中要保持真实与坦诚。

太极拳的"以静制动"原则与儒家中庸思想中"和而不同"的理念相契合。当代社会生活节奏快，容易使人精神紧张，太极拳的"以静制动"强调在动作中保持平静的内心，以平和的态度来应对变化。这与儒家追求平和、和谐的理念相辅相成，提醒现代人在快节奏的生活中保持冷静与平和。

太极拳的"虚领顶劲"原则与儒家强调谦逊、谦和的修养相契合。当今社会，人心浮躁，太极拳的"虚领顶劲"提醒我们要保持谦逊、不张扬的品格。这与儒家强调谦逊为美德的理念相一致，引导社会和个人进行反思。

最后，太极拳的"气沉丹田"原则与儒家提倡养生之道相契合。在现代社会，人们常常面临巨大的工作和生活压力，太极拳的"气沉丹田"原则强调调整呼吸，注重身心的健康和完善。这与儒家提倡养生、注重身体与心灵的和谐相符合，为当下社会的健康观提供了有益的启示。

总之，太极拳与儒家天人合一思想的契合点在于对和谐、平衡、修身养性的共同追求。在当下社会现实中，太极拳所体现的儒家思想理念为人们提供了一种宝贵的精神寄托和生活指南。通过太极拳的实践，人们或许能更好地理解和践行儒家思想中的天人合一，从而实现身心的和谐发展。

（四）太极拳养练中的和谐思想

太极拳的养练思想是在儒家思想的影响下形成的，强调内外兼修、和谐发展，与儒家倡导的内在道德修养相吻合。儒家理论强调人格修养中的正心诚意、改过迁善以至中和，渗透到社会各领域，尤以太极拳为甚。太极拳以儒家的道德规范为指导，强调敬师友、谦逊谨慎等道德准则，彰显了其文化属性。与西方文明的外向性和冒险精神相比，太极拳注重人格修养，与儒家内在修养思想相一致。

太极拳强调动静相济、阴阳调和、内外统一，与儒家的中庸之道、天人合一思想相一致。太极拳在阴阳互动中追求和谐，通过修身实现内外一致，与儒家注重个体品德修养的理念相统一。

总而言之，太极拳的养练要求体现了动静相济、阴阳调和、内外统一的和谐思想，旨在实现身心和谐、个体修养的全面发展，生动体现了儒家和谐思想在传统武术中的实践。

结语

改革开放以来，我国社会经济结构和生产关系发生了深刻变革，特别是社会经济成分、组织形式、利益关系和分配方式都日益多样化，科学技术的突飞猛进成为带动经济增长的主要动力，贸易的全球化更为世界范围内的人员往来、商品流通和文化交往提供了便利。现在，我国已经全面进入信息时代，人们在享受经济社会发展红利的同时，生活方式、道德观念和价值取向也在悄然发生着变化。私家车、智能手机、移动支付这些以前想都不敢想的愿望正在全面实现，对美好生活的向往和自我价值的实现已成为全社会的普遍追求。但是，面对市场经济的宏观背景和人民对美好生活的向往，是故步自封还是浴火重生，太极拳再一次面临艰难的抉择。

一、当今太极拳发展的机遇

在集中精力办大事的举国体制和计划经济作用下出现的竞技太极拳，其初衷是与奥林匹克运动接轨并进军国际赛场，与西方体育项目同场竞技。2003年出台的新武术竞赛规则，更是直接瞄准2008年北京奥运会的武术竞技赛场。虽然传统武术包括竞技太极拳最终没能成为北京奥运会的正式比赛项目，但在奥运精神引领下，竞技太极拳的技术动作不断向着高、难、美、新的趋势发展，体现出迥异于传统太极拳的运动风貌。它借鉴舞蹈、体操的难度动作，配以华美的服装和柔美的音乐，最大限度地给人以视觉冲击和听觉震撼，特别是其行云流水的动作表演和出神入化的情景表现，征服了裁判，陶醉了观众，给人以极大的精神享受。现如今，竞技太极拳不仅成为全国武术锦标赛的竞赛项目，也是武术项目中唯一拥有单项锦标赛的项目。不仅如此，太极拳还被列为东亚运动会、亚运会、亚洲锦标赛、世界锦标赛等国际赛事的正式比赛项目。民间的太极拳发展也毫不逊色，全世界的太极拳练习者已经超过一亿人，庞大的太极拳消费市场必然产生庞大的服务需求，庞大的服务需求也必然促进相关行业紧密合作，共商共享，合作共赢，太极拳的商业化发展也势在必行。因此，如何进行顶层设计，引领、指导、规范太极拳产业化发展，使其融入全球体育产业化的滚滚洪流，是值得思考的重要问题。

现在，具有中国特色的社会主义市场经济正日趋完善，经济全球化的商业模式正在形成，源远流长的太极拳需要重新审视全球体育产业化带来的机遇，认真思考在市场经济浪潮中的出路。

虽然目前举办的各类国家级太极拳赛事活动不存在大规模的商业化情况，但各地方政府举办的赛事活动已具有明显的商业化趋势。"武术搭台，经贸唱戏"已经成为地方政府招商引资、拉动地方经济增长的主要方式。以 1989 年举办的首届河北沧州武术节为标志，太极拳与其他传统武术拳种一起，正式开始了社会主义市场经济环境下的嬗变。随后，1992 年举办的中国·温县首届国际太极拳年会也正式走向商业化的运行模式。时至今日，温县与焦作已经共同举办了 14 届国际太极拳赛事活动。这些赛事活动的举办，不仅展示了温县这一太极拳发源地的核心地位，还有力拉动了地方经济的发展。以 2000 年中国·焦作（温县第六届）国际太极拳年会为例，年会期间的经贸、旅游成果丰硕。全市共有 215 家企业参展经贸洽谈活动，发布项目 560 项，签订经济技术合作项目意向书或合同 30 份，总投资 1.97 亿元；签订贸易合同 92 份，合同金额 2.83 亿元，商品交易会成交额 40.3 万元。同时，以太极拳为媒介的国际劳务输出也成果显著，如第五届中国·焦作国际太极拳交流大赛期间，焦作市有1279名太极拳劳务人员签约，他们以太极拳教学、传播为主，月工资8000元左右。同时期，陈家沟所在地温县的太极拳相关产业人员已多达3000余人，年实现综合经济效益2亿元，太极拳对地方GDP的贡献额约占2%。

面对太极拳赛事活动商业化的滚滚浪潮，一些有实力的企业领导人和社会民营资本也加入太极拳产业化的洪流。2009年，阿里巴巴集团与王西安拳法研究会达成共识，共同打造太极拳企业文化。此后不久，阿里巴巴董事会主席马云与国际武打影星李连杰联合成立"太极禅"文化公司的报道就占据了各大媒体的头条。在他们的带动下，一批商业巨头与知名品牌也纷纷进军太极拳文化产业市场，成为当代太极拳文化产业发展的中坚力量。这是太极拳发展史上从未出现的辉煌，政府支持、明星代言和企业资本的注入，激发出太极拳产业化的巨大活力。以河南、河北、湖北为中心，全国各地此起彼伏的太极拳赛事和联谊活动，不仅营造了浓郁的太极拳文化氛围，也带动了以太极拳为品牌的服装、器械、影视、旅游、劳务和健康产品等商业活动的繁荣，极大地改变着各武术之乡的社会面貌和经济状态。

现在，健身休闲已经成为人们工作之余最主要的生活方式。2016年10月，国务院办公厅印发了《关于加快发展健身休闲产业的指导意见》，部署推动健身休闲产业全面健康可持续发展，同时指出，加快发展健身休闲产业是推动体育产业向纵深发展的强劲引擎，是增强人民体质、实现全民健身和全民健康深度融合的必然要求，是建设"健康中国"的重要内容，对挖掘和释放消费潜力、保障和改善民生、培育新的经济增长点、增强经济增长新动能具有重要意义。

二、当今太极拳面临的困境与挑战

有机遇就有挑战。地方政府的支持和民营资本的参与，极大地扩大了太极拳产业的市场规模，形式多样的太极拳社团组织（协会、学会、研究会、文化中心）纷纷成立，以太极拳为品牌的教育、培训机构和康养保健等场馆鳞次栉比，并且出现了"家庭武馆"性质的太极拳教学与传播形式，这是太极拳运动产业化形成的必要条件。

在太极拳商业化的过程中，太极拳被商品化在民间社团组织和以太极拳为内核的劳务输出活动中已经是不争的事实。一旦太极拳被资本包装成商品进入流通环节，太极拳的社会功能和价值将会以金钱来衡量，其负面影响也开始显现。从严格意义上来讲，太极拳被商品化其实质就是太极拳传承人被商品化。首先，太极拳这件特殊商品的生产方和拥有者是各个流派的太极拳大师或继承者以及掌握这个流派相关技术的教练员，属于某太极拳流派的私有产品，其名称是某某品牌的太极拳，生产厂家是某某大师，生产编号是某某年第几期学员，甚至还有"保质期"和"保修期"。消费方则是某流派太极拳的爱好者或者传承人，兼具消费者和产品的双重性质。其次，根据商品的自然属性，太极拳如果被某流派的传承人拿来自己消费即提高自身修养，则不成为商品。一旦这种劳动产品为他人生产即为社会消费而生产时，才成为商品，并且通过交换进入社会流通，产生价值。由此可知，陈长兴传授杨露禅就是最早的商业行为。杨露禅将终生带着陈式太极拳品牌的一切信息如生产厂家、产品编号等，其保质期一直到杨露禅创建了自己的品牌为止。至于保修期，杨露禅18年间三下陈家沟进行产品维护和软件更新就是最好的证明。当然了，太极拳在传播初期是不具备商品性质的，那时候也没有商业化的概念，其初衷是将这门技艺发扬光大，陈长兴也没有因为传授杨露禅而对太极拳待价而沽。同样，以健身和弘扬中华优秀传统文化为目的的国内各高校体育课的太极拳教学活动，也不具有商业化的考量。

与古代手工作坊式培养模式形成鲜明对比的是现代流水线作业，这种批量生产的太极拳培养和教育活动，客观上扩大了太极拳的受众群体，也增加了太极拳人才的规模。但是，随着社会对太极拳服务要求的迅速增多，太极拳人才培养规模和产出数量的急剧扩张，其产品质量能不能得到保障，着实令人担忧。究其原因，一是生产原料（人）的特殊性，二是生产过程和制作标准的差异性，三是产品功能的多样性，四是生产厂家的道德理性。如果把太极拳人才培养比作药品生产的话，药品生产的配方即太极拳的套路、功法和推手；药品的制作标准即着熟、懂劲、神明；药品的疗效即强身健体、防身自卫、修身养性；至于最后药品的价值完全取决于生产厂家的道德理性，即不同流派太极拳传承人的个人品性和社会责任感。如果太极拳传承人能在生产过程中严格执行产品配方和技术标准，同时综合生产原料的个体特征（身体条件、知识水平、文化修养）进行因材施教，其产品必定质量好、价值优；假如生产流程混乱无章，技术标准模糊不清，原材料以次充好，则产品一定隐藏瑕疵。所以拜师学艺一定要找"明师"而不是"名师"，否则不仅劳而无功，还会深受其害。当然了，生产一件合格的产品不仅需要付出时间，更需要花费心血来精雕细琢，这就客观上造成了产出的不足。而以高校、武馆为工厂的流水线生产模式虽然保证了产出数量，但由于学生不具有商品的属性，太极拳也不是用来交换的劳动产品，其生产流程和技术标准不能充分保证，所以产品质量堪忧。即便是太极拳专业培训或教育机构培养的太极拳人才，其产品质量也不容乐观。

太极拳本是中国传统武术流派的一个拳种，是一门身心修养的学问，人们关注太极拳主要是它的健身功能和文化属性，练习太极拳兼具防身自卫和弘扬中华优秀传统文化等多重功能，是一种技术与文化相互渗透的综合技能，不可能一蹴而就，深刻理解它的文化属性并正确掌握其技术操作流程，是保证太极拳人才质量的前提。首先，太极拳作为商品被消费者消费是获得其价值还是使用价值是由消费者的购买目的决定的。一般来说，消费者购买到的是商品的使用价值，即太极拳强身健体、防身自卫、修身养性和休闲娱乐的功能作用，而凝结在商品（太极拳）中的创立者的传统文化知识、实践经验、技术方法、道德品质等无形的智慧与能力则需要由太极拳的主体"人"来完成并实现。其次,如果消费者追求的是商品的使用价值,目的是自己消费,那就需要在"明师"的指导下付出时间、精力,使自己成为合格产品。遗憾的是,几乎没有人能耗费"十年不出门"的时间把自己打造成精品。为了能尽快收回成本,创造利润,拜师就成了一些投机钻营者合法拿到经营许可证的惯用手段,他们通过拜师给自己贴上合格产品的标签(商标),进而在商品流通过程中重新包装产品的使用价值,使其符合现代人的迫切需要,创造出经济利益。在这个过程中,师傅既是生产厂商又是产品检验员,既是教练员又是裁判员。当然了,师傅的名气越大,社会地位越高,业内口碑越好,合格证的含金量就越高。这里,我们不是讨论拜师的形式和代价问题,而是要说明太极拳作为商品,其价值的社会性问题,因为这个产品包含了人的认识、知识、意识、道德与社会责任感等多个层面,不能当成一般的生活用品。人们都知道,任何一项技艺的传承,不仅需要技术的传递,更需要职业素养和职业道德的养成,如果一个师傅培养出的弟子,心里只有利益而没有社会责任感,这位师傅充其量只能称为"拳师"而非"太极拳家"。所谓能力越大责任就越大,师傅为了打磨徒弟这块"璞玉",需要劳动与心血的双重付出,而这才是太极拳作为商品的真实价值,也是现在所讲的职业道德和职业修养。不可否认的是,这种传统培养模式的产出效率极低,以至一些武术家穷其一生精心培养出的得意弟子屈指可数。面对急剧扩张的市场需求,提高太极拳人才的培养效率就成为个别不良商家的"聪明"之选。于是,偷工减料和降低技术标准就成为他们的首选,以致套路教学就成了太极拳运动的代名词。现如今,这种现象正被资本利用并在社会上大行其道,无形中给太极拳造成了负面影响,导致太极拳"形""神"分离且渐行渐远。

消费者一旦被贴上合格的标签,则预示其具有了将太极拳商品化的资格,出于代价补偿的考量,快速收回成本和赚取利润就成为其首选目标,其身份也从消费者转变为生产厂商,新一轮的商业运作过程就此开始。如此一轮轮的产品生产和商业开发就形成了太极拳当今的市场规模。

从客观上讲，太极拳市场的主导力量是国家和地方各级政府的相关职能部门，其主旨是提高人们的健康水平，引导人们选择正确的生活方式。但是太极拳市场孕育的巨大经济利益又吸引人们投身其中，实现不同的梦想，太极拳市场由此上演一幕幕始料未及的悲喜剧。首先，各个流派的太极拳厂商为了抢占市场份额，只得选择扩大再生产，提高生产效率。而实际上传统太极拳的产出过程却是"慢工出细活"。生产效率的提高必然要求改进生产流程和生产工艺，即科学的管理和购买先进的生产设备。自诩先进的小作坊式的生产观念对生产厂商来说则预示着成本增加和管理经验提升的双重负担。因此，太极拳的科学化管理措施和先进的教学理念必然遭受排斥，很难融入其教学体系，从而导致太极拳教学的科学化进程举步维艰。降低成本的另一个办法就是简化太极拳教学流程和缩短技术教学时间，这也成为多数生产厂家的首选。因此，套路教学就成为太极拳商品的主要生产流程，成为大众心目中太极拳教学的代名词，太极拳运动区别于其他健身运动方式的本质特征——太极劲则被模糊化和边缘化，太极拳功法更是成为爱好者求之不得的奢侈品。如此偷工减料虽然满足了占领市场份额的需要，但其产品质量明显经不住时间与实践的考验，甚至一些假冒伪劣产品也流入市场，大行其道，造成太极拳界鱼龙混杂的尴尬局面。一些所谓的太极拳"大师"也趁机出场，利用信息化社会的技术优势兴风作浪，通过表演所谓的"神功绝技"来欺骗不明就里的群众，攫取巨大的经济利益。

这样的教学过程必然带来诸多问题，太极拳看似和谐平静的外表下实则暗流涌动，也一直承受着来自各方面的舆论压力。本来一项传播正能量的高雅运动方式，现在却问题重重。这种恶性竞争受伤害最大的不是消费者，也不是生产者，而是太极拳本身，人们必将对太极拳产生怀疑，怀疑它的文化属性和技击功能，以至于怀疑它的健身、养生价值，转而学习其他更为简便、直接和有效的运动方式。如此，将是太极拳的悲哀，也是中国传统文化的悲哀！

我们不能陶醉于太极拳大型活动绽放的烟花中孤芳自赏，更不能沉沦在西方强势文化的冲击下自惭形秽，我们既要在太极拳产业化过程中保持清醒头脑，也要在外来文化与本土文化的融合中擦亮眼睛。

太极拳虽然不是天然的物质产品，但是在市场经济大环境下，由于市场需求的增加，消费者要想获得其使用价值必须付出一定的成本才能购买到满足自己需要的产品，在此意义上太极拳实际上又扮演着商品的身份。然而，这种非物质的技术与文化产品在交换中出现了我们不愿看到的乱象，对太极拳的有序传承和科学发展构成了挑战，这不是太极拳之责，也不是太极拳之错，而是商家追名逐利惹的祸。

三、当今太极拳发展的思路与设想

在体育产业、健身产业和文化产业领域，太极拳作为商品已广为人知。市场经济条件下，人们追逐经济利益的步伐永远不会停歇，太极拳如何在市场经济的洪流中找准定位，实现多元的功能价值，为不同人群提供可选择的健康服务产品，也就是说，如何为健康中国服务，是太极拳在市场经济环境中必须解决的首要课题。

翻天覆地的社会巨变和财富积累正在改变着人们的生活方式和行为习惯。"大众创业、万众创新"正带领年轻人在市场经济的大潮中狂奔，旅游、手游、网购、夜生活正挤占人们的业余时间，高科技带来的快节奏生活很难让青年人在太极拳的锻炼中放慢脚步，人们更喜欢在现代体育运动的激烈对抗中良性互动。太极拳在青年人群中被边缘化的趋势正在加剧，其传承人数量也在逐年递减。面对市场经济不可抗拒的时代潮流，如何保护太极拳这项优秀的非物质文化遗产，让其在社会精神文明建设的过程中发挥作用，则是我们新时代必须解决的一个现实问题。

2003年10月，联合国教科文组织通过了《保护非物质文化遗产公约》，2004年8月，我国加入了该公约，随后相继颁布了《国务院办公厅关于加强我国非物质文化遗产保护工作的意见》和《国务院关于加强文化遗产保护的通知》，保证了武术这一非物质文化遗产的保护工作得以顺利进行。根据联合国教科文组织的定义，非物质文化遗产指被各群体、团体，有时为个人所视为其文化遗产的各种实践、表演、表现形式、知识体系和技能及其有关的工具、实物、工艺品和文化场所。各个群体和团体随着其所处环境、与自然界的相互关系和历史条件的变化不断使这种代代相传的非物质文化遗产得到创新，同时使他们自己具有一种认同感和历史感，从而促进了文化多样性，并激发了人类的创造力。

2006 年 5 月，陈式太极拳、杨式太极拳首先入选国家级非物质文化遗产名录，随后其他流派的太极拳也相继入选。太极拳作为非物质文化遗产入选保护名录，体现了国家保护和弘扬中华优秀传统文化的决心。2020 年 12 月，联合国教科文组织宣布：中国太极拳成功入选人类非物质文化遗产代表作名录。这是中国武术献给全世界的宝贵财富，也是经济全球化和中西文化交融的重要成就，对传承弘扬中华优秀传统文化、提升中华文化的国际影响力、促进民心相通和文明交流互鉴都具有重要意义。

但是，纵观太极拳一百多年的发展历程，在经历了从农业社会、工业社会到信息社会的时代巨变之后，太极拳并没有改变其传承方式和训练模式，依旧固执而坚定地按照自己的节奏踯躅前行，既没有跟上时代的步伐，也没有实现技术和理论的创新，更没有进行卓有成效的科学实践，所谓的发展也只是传播方式的丰富和受众群体的增加。不发展便是倒退，最后必将被时代抛弃，这是把太极拳作为非物质文化遗产进行保护的主旨。但是，保护什么，怎么保护，以及如何与科技成果接轨，就成为太极拳非物质文化遗产保护所要明确的目标。

第一，科学定位太极拳在我国新时代社会发展中的功能作用。不解决这个问题，太极拳作为非物质文化遗产进行保护就会陷入无的放矢、无从入手的境地。我们知道，太极拳具有强身健体、防身自卫和修身养性的功能,即健身性、技击性和道德性。其中道德性是健身性和技击性发展到一定程度的理性目标,技击性是健身性的价值升华,健身性是技击性的功能基础;没有技击性的太极拳,其健身性将流于无差别的一般健身运动方式,必将被新的健身运动形式所代替;缺乏健身性的技击性一定刚而易折,不能长久,只有健身性和技击性合二为一才能磨炼出崇高的道德理性。农业文明社会,安身立命作为练习太极拳的首要目标,其技击性就成为太极拳的主要特征,具有不可撼动的地位;工业文明社会,热兵器的大量使用导致传统武术的技击性被弱化,但历史发展的惯性使以小农经济为背景的太极拳仍然保留其具有技击本质诉求的特性;当今社会,信息化已经深入大众生活的方方面面,法治建设日趋完善,传统拳术包括太极拳的技击本质缺少市场,安身立命的诉求早已成为过去时,对健康和高品质生活的向往才是社会的主流需求。因此,突出太极拳的健身性、文化性,合理保留太极拳的技击性,满足社会的多元化需求,让太极拳更好地为社会大众的健康服务是太极拳非物质文化遗产保护的最终目的。

第二,太极拳是一种以口传身授为主的技术与文化传承方式,不是通过视频和理论学习就能掌握的健身运动方式。当然,如果单纯从练习太极拳套路的角度讲,其运动效果与现代任何一项体育健身方式在效用上没有多大差别,只是形式不同而已,但是练习太极拳所付出的成本远比瑜伽、慢跑、酷走、广场舞等健身项目要高得多。从经济学角度讲,就是付出远大于回报,以致大多数练习者都没有善始善终,更没有以柔克刚、以弱胜强、四两拨千斤的实践体验和"一羽不能加,蝇虫不能落"的境界享受。究其原因,最突出的莫过于缺少"内练"技术。这不仅是太极拳运动区别于其他健身运动方式的本质内核,也是太极拳吸引众多爱好者踊跃参与的根本因素,更是太极拳非物质文化遗产保护的核心内容。同样,以内功著称的太极拳运动,若练习者经过多年的刻苦实践之后并没有觉得自己的实战能力有所提升,与体格强壮的非搏击运动员在交手时仍然不能以巧制胜，必然打击其信心，对所谓太极拳大师宣扬的神奇功力表示怀疑，这是太极拳运动人群中缺少年轻人身影的主要原因之一。因此，太极拳非物质文化遗产保护，既要对其传承人进行保护，也要对太极拳"内练"技术进行保护，既要对硬件进行更新和重塑，也要对软件的源代码进行解密和升级，而不是做一次专访、录一段影像然后束之高阁，让太极拳在商品经济的大潮中随波逐流。

  第三，所谓的硬件更新与重塑，就是要改变太极拳主要传承人的思想认知，太极拳不仅是某一家的，也是国家的，更是全人类的文化遗产。代表性传人不仅是太极拳的受益者更是传播者，要有时代的责任感和历史的使命感，太极拳的受益者越多，传播范围越广，其社会价值就越大，这是时代的要求，更是太极拳功能作用的本质使然。不能本末倒置，为了眼前利益把太极拳物化为商品，待价而沽，甚至成为伪科学和封建迷信的帮凶。要知道，太极拳代表性传承人的思想境界有多高，太极拳练习者的道德品质就有多高，太极拳的文化品德和社会价值就有多高。反之，太极拳练习者的道德品质和文化修养都会受到影响，其传播中国传统文化正能量和助力健康中国战略的愿景就会大打折扣。

  所谓太极拳软件源代码的解密与升级就是要科学揭示太极拳运动的"内练"本质，用现代医学的前沿技术对人体筋膜系统进行科学研究，解释太极拳练习过程中气的运行机制，气对人体各器官、各系统的作用机理以及它对人精神产生的愉悦感受，并对实验过程中采集的数据进行系统分析，得出相对科学的结论。当然了，这是一项宏大的系统工程，必须由政府牵头，以相关国家实验室为平台，组织太极拳、医学、搏击、运动筋膜学等方面的专家对实验流程进行科学规划和设计，广泛征求专家意见，力求实验流程全面、科学、公开，研究成果具有可操作性和广泛的适应性，让广大爱好者练习一套科学拳、明白拳和健康拳。

  其实，早在 2004 年我国加入《保护非物质文化遗产公约》之前，一些有识之士就开始了科学解释太极拳的尝试。如 1931 年吴图南出版的

《科学化的国术太极拳》一书,第一次提出了太极拳科学化的概念,迈出了太极拳科学化探索的第一步;1934 年,杨澄甫出版了《太极拳体用全书》,书中套路部分用数百张照片记录了杨式定型架的内容,在太极拳标准化的道路上前进了一大步。

新中国成立后,以唐豪、顾留馨为代表的传统武术考证家对太极拳的源流和理论进行了深入而系统的考察和阐发,并于 1964 年出版了《太极拳研究》一书,全面、系统阐述了太极拳理论、技术原理,为太极拳的科学、健康发展提供了思路和方法。

改革开放以后,文化市场空前繁荣,一些高校也相继成立了太极拳文化研究中心,占领了太极拳理论研究的制高点,成为太极拳科学化探索的主力军。他们结合自身的人才优势和资源优势,从哲学、中医学、生物力学、解剖学、生理学、运动人体科学、心理学等各个方面,进行了多角度、全方位、立体式的阐发,全面揭示太极拳的本质、原理、技术特点以及文化内涵,为太极拳的跨学科理论研究做出了积极努力。

2010 年,国家体育总局体育科学研究所工程中心副主任李祥晨带领他的科研团队,对太极拳格斗技巧进行了全面而公开的实验,这是太极拳第一次走进国家实验室,接受缜密的数理分析,虽然实验结果与测量数据之间存在着较大的出入,但这确实是一次较为完整的科学实验尝试。2010 年 12 月,在亚特兰大举行的美国风湿病学会年会上,北卡罗来纳大学医学院的研究人员公布的一项研究成果证实:练太极拳不仅能缓解关节疼痛,减轻疲劳,强健筋骨,提高人体伸展和平衡能力等,还能改善心态,减轻精神压力。这一研究结果产生了重大反响,更提升了太极拳研究者的信心。

不管是理论研究、科学实验还是标准化实践以及多年医学跟踪调查,这些科学化的尝试都从不同侧面见证了太极拳工作者的努力与付出,虽然暂时还没有达到预设的目标,但某些方面取得的可喜成就必将为以后的科学研究探索出新的方法和思路,太极拳的非物质文化遗产保护也必将建立起一套行之有效的体制和机制。

我们有理由相信，只要敢于创新实验方法，开拓研究思路，集思广益，充分发挥人民的智慧，太极拳一定能与科学见面。只有这样，太极拳才能被大众正确认知并广泛接受，吸引更多的年轻人加入其中，太极拳在民间传播的乱象一定能得到遏制，太极拳的市场化经营和产业化开发才有法可依，有章可循，不会陷入恶性竞争，太极拳作为文化服务产品的资格才能真正落到实处。

四、当今太极拳发展中的文化建设

产生于农业社会的太极拳，其文化属性深深地镌刻着中国传统文化的烙印，始终贯穿着天人合一、贵柔守雌、与世无争、安身立命的处世准则。即使在晚清到民国社会急剧变革的时代，太极拳文化仍保持着它执着的历史惯性，在底层社会中踯躅前行，既没有在"强国强种"的爱国反帝运动中振臂高呼，也没有在轰轰烈烈的大革命运动中挺身而出。我们不能责问太极拳先贤为什么没有"刚健有为"，也不能批评他们为什么要"明哲保身"，而恰恰是在这一急剧变革的历史阶段，太极拳表现出根深蒂固的历史韧性和坚不可摧的文化属性，完成了其发展格局，完成了它与中国传统文化的交流互鉴；也正是在这一时期，太极拳文化的结构和内容逐渐丰富和完善，其理论体系和技术体系也逐渐定型。新时代，作为全人类的非物质文化遗产，太极拳还要在发展过程中不断丰富其文化内涵，发挥其传承中华优秀传统文化载体的功能作用，体现其思想性、科学性、时代性、民族性和公益性，让世界人民共享中国提供的健康服务产品，感受中国传统文化的魅力。

1. 革故鼎新，太极拳的文化教育要体现思想性

"太极"作为中国传统文化的重要内容，深植于人们生活的方方面面。因此，在意识形态领域，政府宣传部门要正面引导和弘扬太极精神，

政策研究机构要从现实出发，制定符合时代发展和社会需求的长远规划，充分利用现代融媒体技术的方法和手段，重塑人们的价值观、义利观，提高人们的人文素养、道德品质，占领精神文明建设高地。同时，学术研究领域要回答"太极拳是什么"这一至今没有明确答案的问题，组织相关专家学者对太极拳的运动特征、功能作用进行定位，对太极拳的文化结构、价值目标进行重构，明确太极观与太极拳的区别与联系，把太极文化与太极拳文化区别开来，把太极拳运动与弘扬中华优秀传统文化结合起来，给出"太极拳是什么"的正确答案，让全世界亿万爱好者练习一个明白拳。同时，在全民健身、健康中国行动中双管齐下，交流互鉴，在实践中不断丰富其文化内涵，提高其文化品质，明确太极拳的理论基础和套路动作蕴含着深刻的东方哲理和智慧，澄清网络媒体的不实宣传。只有这样，才能树立风清气正的太极拳发展环境，让太极拳爱好者在享受太极拳运动的同时提升自身文化修养和道德水平，以"文化人"的精神风骨实现"文化拳"价值目标。

2. 与时俱进，太极拳的健身机理要突出科学性

太极拳是一种人体文化，强身健体是太极拳运动的首要目标。人是太极拳文化的创造者，同时也是太极拳文化的功能载体和传播者，要清醒地看到太极拳文化载体的创新性和先进性是制约太极拳文化功能实现的重要因素。与开放型工业文明相比较，相对封闭的农耕文明在科技创新和应用方面存在着先天的不足和后天的僵化，这就要求新一代的太极拳文化传播者必须与时俱进，学习先进的文化理念和科学技术，提高太极拳文化的解释力和传播力。

单纯从运动的价值目标分析，太极拳的健身养生效果并不比其他运动方式更有效，甚至还没有慢跑、快走、健身操、广场舞等那样快捷和直接。如果从可操作性来讲，太极拳运动的复杂程度相较于其他运动方式则要大很多，尤其是慢、松、柔、立身中正、用意不用力的运动特点和技术要求，提高了参与者的入门门槛。造成这种"高不可攀"局面的

原因主要有两个，其一是太极拳健身机理没有得到科学阐述，也就是太极拳到底"练什么"没有得到权威机构的证实；二是太极拳运动与其他运动方式的本质差别在哪里，松、柔、慢的解剖学基础和根本原因没有得到科学解释。

新时代，我们应该让太极拳走近科学了。每一个太极拳的传播者和练习者都应该知道，太极拳运动能提高练习者哪方面的生理机能，太极拳在练什么，运用什么方式和手段，锻炼的效果如何评价。如果我们还执着于在社会科学领域阐述太极拳健身养生的说服力，而忽略自然科学发展的成果和实验数据的解释力，就会重蹈经验主义和教条主义的覆辙，严重阻碍新时代太极拳发展的科学化进程。

3. 实事求是，太极拳的攻防对抗要体现原创性

人是文化的创造者也是文化的传播者。纵览历史，我们可以清楚地看到，只有当社会安定，政通人和，社会生产得以正常运作、有序发展的时候，文化才能够引领着社会向前发展，人的聪明才智才会不断涌现出创新的灵感，大批促进社会文明进步的发明创造才会逐步产生，整个社会生产力才得以长足进步，国家实力相应也不断壮大。相反，如果社会动荡，民不聊生，文化的创新就会失去动力与活力，整个社会则郁郁寡欢、氛围压抑。

太极拳产生于动荡的时代，安身立命是其最初的价值追求。如果连自己和家人的安全都保护不了，练它何用？陈王廷、陈长兴、杨露禅、孙禄堂等老一辈太极拳家精湛的太极拳功夫和以天下为己任的责任担当足以说明太极拳并不是现代人眼中的"花拳绣腿"，而是具有较强"战斗力"的。太极拳推手一如太极拳套路一样没有被人们正确认知，这种以沾、连、粘、随为主要手段的双人较技方法，与以速度和力量为主的搏击与格斗方法在原理上存在着本质的差别，这种只存在于太极拳流派内的原创性对练方法，其目的就是要找到并练出太极劲。太极拳要进行格斗，必须练出太极劲，而太极劲就是筋骨产生的整体力，太极拳推手是

较技双方寻找太极劲的一种方法和过程，远没有达到可以进行实战的水平。要想用太极劲进行真正的无差别实战，还有很长的一段训练路程要走。因此，太极拳对抗搏击中原创的太极劲是太极拳区别于其他对抗项目最本质的特征。

对于大多数太极拳家来说，运用沾连粘随的太极劲进行推手练习就可以判断出对方功夫的高低。这种无伤害的功夫判断，克服了以胜负论英雄的激烈搏斗场面，使双方在优雅的形体运动中心领神会，相视一笑，展现的恰好是一个人内心的修养和人格魅力，是一种太极拳练习者内在和睦、和谐的基础上对对方的尊重，进而成为太极拳界普遍遵守的、约定俗成的一种文化现象。

当然，社会安定，政通人和，人们安居乐业，太极拳的功能也会随着社会的发展和进步发生转变，防身自卫就成为太极拳运动的重要内容而不是主要目标，其多元的价值目标可以适应不同时代的社会需要。

4. 形神兼备，太极拳的产业发展要注重公益性

与有形的物质文化遗产相比，太极拳这种无形的文化形态因人的品性、学识和修炼程度而呈现出较大的差别，就练习的目的而言，在技术上表现为修身和技击两种截然不同的成长路线。技击表现为外在的人与人之间的相互关系，修身表现为内在的身心之间的关系。动荡时期技击术是练习者安身立命的基础，和平年代修身是维护个人、家庭乃至社会安定团结的重要基石。"穷则独善其身，达则兼济天下"，太极拳为每个人的境界修养提供了一种选择。

在中国这样具有 5000 多年文明史的国家，体现悠久的农耕文明的优秀传统文化是中国未来发展的重要支撑。这不单单是凝聚人心、提升向心力的重要内容，更是中国这样一个长期处于农耕社会背景条件下的国家走向辉煌未来的文化积淀。现阶段，我国正在向经济强国、科技强国的目标稳步迈进，人民共享着经济社会发展带来的红利，其安全感、自信心、幸福指数正在稳步提高。同时，我们也应该看到，我国已经或正

在进入老龄化社会，老年人将成为娱乐休闲产业的主力军。太极拳作为社会公共产品已经不再是老年人幸福生活的唯一选择，他们更希望在旅游、游泳、散步、聊天、书法、歌唱的群体活动中享受生活的乐趣。因此，要把中华优秀传统文化梳理好、继承好，并充分吸收世界先进文化中的有效成分，继承性地重塑中国太极拳文化秩序，把太极拳产业融入休闲产业的发展格局，使其成为真正的公共文化产品，满足不同人群的多元文化需求。

5. 和而不同，太极拳的国际传播要体现民族性

太极拳作为人类非物质文化遗产受到全世界的普遍关注，如何继承好、发展好、弘扬好这项人类共同的精神财富是当前需要解决的重要问题。体现民族性、符合时代性、保持先进性是太极拳国际传播的重要保证，也是太极拳国际传播的内在动力。

现如今，中外文化交流互鉴越来越频繁、深入，国外朋友被太极拳深深吸引的一个重要原因就是太极拳缓慢柔和的动作背后深藏着深厚的中国传统文化，这种文化积淀反映在套路动作上就是"中正安舒"，反映在个体修习上就是"身心和谐"。众所周知，国画、京剧、中医等非物资文化遗产项目都极具民族特色，太极拳也是如此，鲜明的民族特色就是太极拳国际传播的通行证——越是民族的就越是世界的。

不同社会制度、不同民族、不同种族有各自不同的传统文化，正是由于这些差别的存在，世界文化才显得格外丰富多彩。对于外国人来说，了解中国、了解中国人的思维方式、行为习惯和生活方式，可以从练习太极拳开始。太极拳能为地球村里的每一户架起沟通的桥梁，让每一个人都生活在和睦、和谐、和平的环境里，感受不同文化的精彩，共享美丽的幸福家园。这不是人类文明的冲突，更不是意识形态的对抗，而是多元文化的和而不同、交流互鉴，是人类文化命运共同体的重构。

当代社会，面对不断增加的受众群体和社会需求，太极拳国际传播者的文化素养和技术水平就显得尤为重要，一名德艺双馨的太极拳家能

弘扬中华优秀传统文化的正能量，保持太极拳的民族性和先进性，为练习者提供健康的休闲娱乐产品，造福人类社会；而德疏才浅的太极拳拳师可能为了名利哗众取宠，最后将练习者引入歧途。因此，要提高太极拳强身健体的解释力和修身养性的文化力，太极拳传播者的技术结构和文化修养就显得尤为重要。人们不能指望那些包装出来的所谓"大师"，更不能指望那些炒作出来的"大侠"，太极拳的国际传播需要一个风清气正的社会环境，也需要各项规章制度的约束，选拔懂技术、有文化的传播者加入，提高他们弘扬中华优秀传统文化正能量的话语权。

附录
26式太极拳套路述要

　　26式太极拳是在陈式太极拳老架一路的基础上删繁就简创编的简化套路,它既保留了陈式太极拳刚柔相济的风格特点,又符合现代太极拳竞赛的技术要求,非常适合年轻人练习,现已成为焦作市太极拳"六进"(进机关、进企业、进学校、进社区、进农村、进军营)项目的主打套路。26式陈式太极拳推广10余年来,为焦作市全民健身运动和健康中国行动做出了重要贡献,也为"一带一路"国家的文化交流提供了选择。本章以任天麟26式简化套路为蓝本进行概要展示。

第一节　26式太极拳拳法图解说明

　　一、为了方便读者模仿练习,演练图像设定为面南方向。
　　二、图中左手、左脚的动作方向以虚线标出,右手右脚的动作方向以实线表示,并附有文字详解。
　　三、图中每一个动作附有歌诀说明其拳理和用法。
　　四、重复动作不再重复讲解。
　　五、本章附有完整套路演练和精品课分动作讲解的二维码,读者可扫描观看。

第二节　26式太极拳动作要求

一、手型

1. 拳

俗称捶。四指并拢卷曲，指尖贴于掌心，大拇指第一指节扣住中指中节。

拳

2. 掌

俗称瓦楞掌。五指自然张开，大拇指指根稍内合，掌心如瓦楞状。

掌

3. 勾

五指指尖捏拢，手腕自然放松。

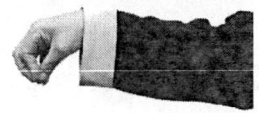

勾

4. 刁手

五指自然张开，大拇指上挑，小指随手腕稍内扣。

刁手

二、步型

1. 平行步

两脚自然开立，平行站立。

平行步

2. 弓步

松腰落胯，两腿屈曲。重心在左为左弓步，反之为右弓步。

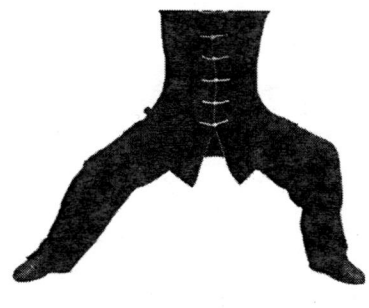

弓步

3. 仆步

一腿屈膝全蹲，臀部下坐，另一腿伸直平仆于地面。左腿伸出为左仆步，反之为右仆步。

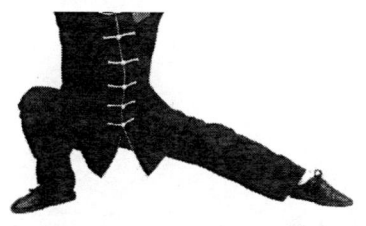

仆步

4. 虚步

重心放在一只脚，另一只脚的脚尖点地或者全脚掌虚点地。左脚点地称左虚步，反之为右虚步。

虚步

第三节　26式太极拳动作名称

预备势

第一式　起势
第二式　金刚捣碓
第三式　懒扎衣
第四式　六封四闭
第五式　单鞭
第六式　白鹤亮翅
第七式　斜行
第八式　搂膝拗步
第九式　掩手肱拳
第十式　金刚捣碓
第十一式　撇身拳
第十二式　双推掌
第十三式　肘底捶

第十四式　倒卷肱
第十五式　闪通背
第十六式　掩手肱拳
第十七式　六封四闭
第十八式　单鞭
第十九式　云手
第二十式　雀地龙
第二十一式　上步七星
第二十二式　下步跨虎
第二十三式　双摆莲
第二十四式　当头炮
第二十五式　金刚捣碓
第二十六式　收势

第四节　26式太极拳套路图解

预备势

两脚并齐，自然站立，两手自然下垂。头颈正直，下颌微收，舌顶上腭，目光平视。头顶百会穴微微上领。面向南。（图1）

图 1

第一式　起势

1.两腿微屈，左腿提膝向左跨半步，两脚与肩同宽。屈膝松胯，两手自然下垂，目视前方。（图2、3）

2.两臂前平举，屈膝下落于腹前。（图4、5）

【说明】

起势又称无极势，是陈式太极拳套路中一个非常重要的动作。要做到心平气静、呼吸自然，无思、无意、无形、无相，才能进入"太极"的状态。

【歌诀】

起势中正周身松，脚与肩宽距均衡；
纳吐自然元气增，延年益寿太极功。
静中触动阴阳现，立如秤准顶头悬；
身轴微转四象动，前后左右任我变。

图 2

图 3

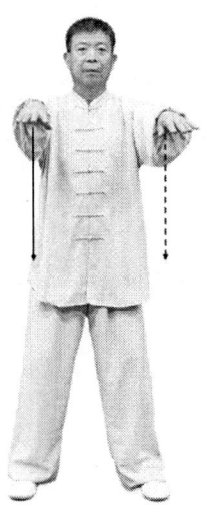

图 4

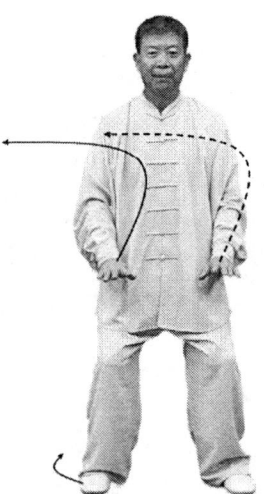

图 5

第二式　金刚捣碓

1. 身体右转 90°，两掌随转体向右依次绕环立于胸前。（图 6）
2. 重心移至右腿，提左膝，眼睛看向左前方。（图 7）
3. 左脚向左前方上步成左弓步。左手向前掤出，右掌落于右膝前。目视前方。（图 8、9）
4. 右脚上步成右虚步。右掌随右脚上步与左掌相合。（图 10）
5. 右掌变拳，与左掌同落于腹前，右拳在上。（图 11）
6. 右拳随右膝上顶做下勾拳，左掌不动。（图 12）
7. 右拳随右脚震脚砸拳，收于左掌心。重心在两腿间。（图 13）

【说明】

金刚捣碓是陈式太极拳区别于其他太极拳流派的标志性动作，不仅体现了刚柔相济的运动特点，还具有较强的攻防含义，是禅武文化相融合的具体体现。

【歌诀】

金刚捣碓敛精神，太极浑然聚我身；
变化无方丹田气，四面八方寓屈伸。
浑身合下千斤力，练就金刚备吾身；
左实右虚下合劲，一脚惊雷掉真魂。

182 | 太极拳文化概论

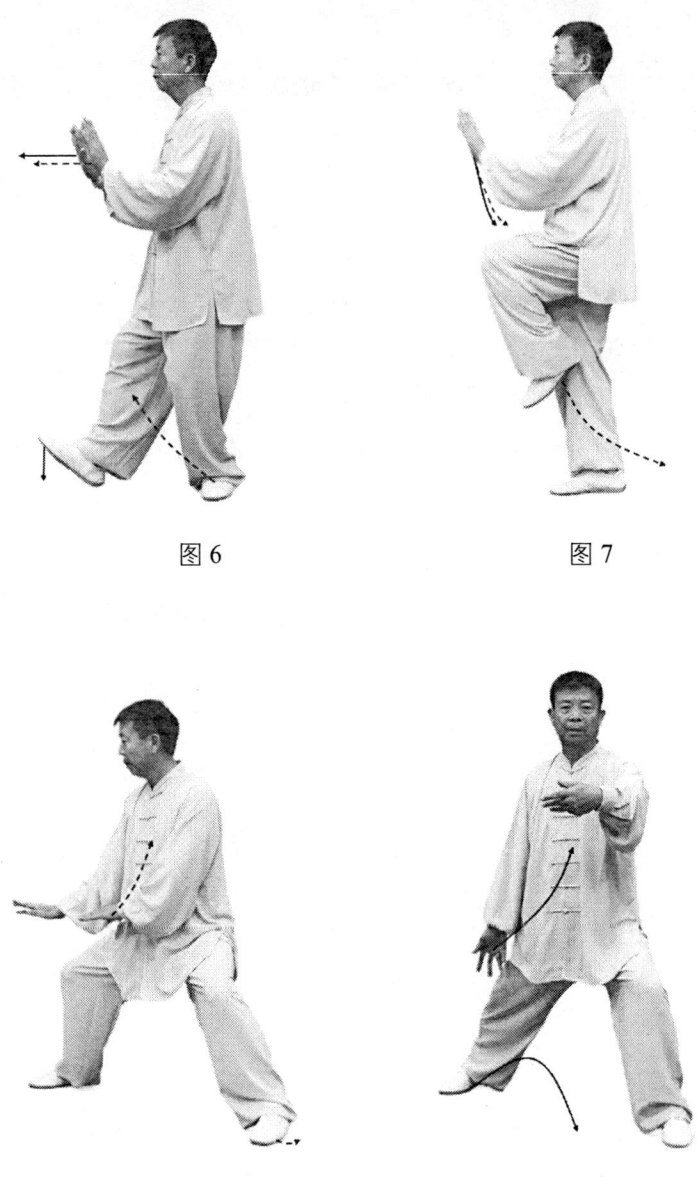

图 6　　　　　　　图 7

图 8　　　　　　　图 9

图 10

图 11

图 12

图 13

第三式　懒扎衣

1.右拳变掌，两掌交叉绕环左右拉开，重心移至左脚。（图14）

2.右脚提膝开步。同时，两掌交叉绕环，左上右下相交于左胸前。（图15）

3.身体右转成右弓步。同时，右掌逆缠转体向右平持置于右脚上方，左手下落叉腰，虎口向上。目视右手方向。（图16、17）

【说明】

懒扎衣是一个会意象形动作，因古人穿长袍比手前要把衣服束到腰间而得名。

【歌诀】

世人不识懒扎衣，左屈右伸抖虎威；

伸中寓屈何人晓，屈内寓伸识者稀。

裆中分峙如剑阁，头上中峰似璇玑；

千变万化由我运，下体两足定根基！

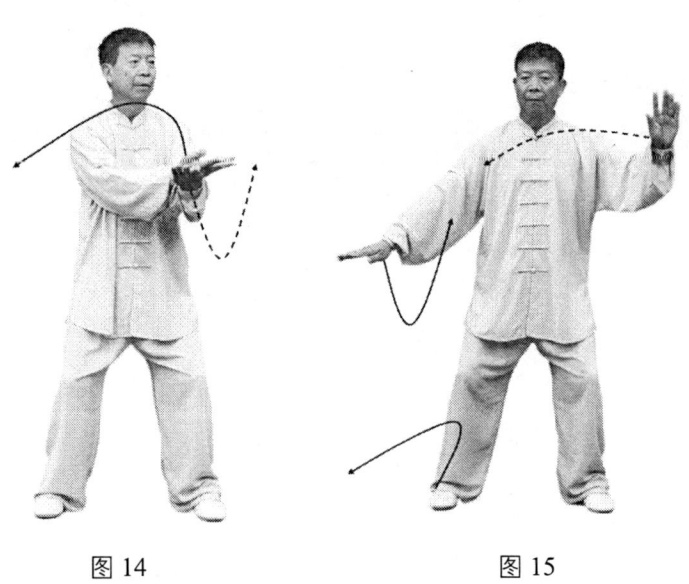

图14　　　　　　　　图15

图 16　　　　　　　图 17

第四式　六封四闭

1. 左胯微伸，左手前掤与右手相合。（图18）

2. 重心移至左脚，两掌下捋。两掌屈肘收于左肩前，两手如抱球状。（图19）

3. 重心移至右脚，两掌向右肩前方按出。（图20）

【说明】

六封四闭是一个会意象形动作，又称如封似闭，因上下四旁（六）与前后左右（四）都被控制而得名。

【歌诀】

如封似闭环中松，吃啥还啥退为攻；

一开一合妙无穷，阴阳二气随机生。

开则俱开劲落空，合则正隅因势攻；

识得太极开合妙，神意一动虚灵中。

图 18　　　　　　　　　　图 19

图 20

第五式　单鞭

1. 两掌顺时针绕环一周。左掌收于腹前，右掌变勾手止于右脚前上方，左膝上提。（图21）

2. 左脚向左开步，目视左脚方向。（图22）

3. 重心移至左脚成左弓步。左掌上掤与右勾手相合，随后翻掌心向前平拉开。（图23）

【说明】

单鞭是一个比喻意象动作，因两臂展开像一条鞭而得名。

【歌诀】

单鞭一势最为雄，一字长蛇横西东；

击首尾动精神贯，击尾首动脉络通。

当中一击首尾动，上下四旁扣如弓；

若问此中真消息，须寻脊背骨节中。

图21　　　　　　　图22

图 23

第六式　白鹤亮翅

1. 松左胯，两掌落于左膝前。两掌向上绕环落于右膝上。(图 24、25)

2. 身体左转 90°，左掌刁手向前掤出，右脚提膝向右前方上步，右手腕与左掌相合。(图 26)

3. 重心移至右脚，左脚收于右脚旁成左虚步。同时，两掌上下拉开，左手指尖向前落于左胯旁，右手掌心向前收于右肩前。(图 27)

【说明】

白鹤亮翅是一个比喻意象动作，因两掌开合如白鹤展翅挥舞而得名。

【歌诀】

白鹤欲飞先亮翅，遇敌急进成捋势；

退时顾盼奇正变，身手欲动劲内换。

随势就势不丢顶，束翅侧上发丹田；

旋臂抡圆喻鹤翔，细研鹤舞益延年。

图 24 图 25

图 26 图 27

第七式 斜行

1. 身体左转，以腰带动右臂向左下落。（图 28）

2. 身体右转 90°，两掌交叉绕环相合于胸前，掌心向前。（图 29）

3. 左脚提膝向左后方 45°开步成左弓步，左掌顺势经腹前在左脚前

勾手提起，右掌收于右肩上。（图30、31、32）

4.右掌顺右肩－左肩－左臂平圆拉开。（图33、34）

【说明】

斜行是一个会意象形动作，又称斜单鞭，因斜向上步、身形朝向四个斜角而得名。

【歌诀】

　　斜行换步身要正，随势套腿横旋行；
　　内裹外缠敌难脱，因势侧分腿虚灵。
　　屈蓄松转螺旋劲，奇正虚实理要明；
　　三门肘靠涵其中，左勾右击刚柔用。

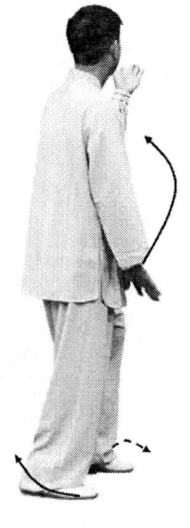

图 28

图 29

附录 26式太极拳套路述要 | 191

图 30　　　　　　图 31

图 32　　　　　　图 33

图 34

第八式　搂膝拗步

1.松腰落胯，两臂落于左腿两侧。重心后移，左脚收回成左虚步。同时，两掌上掤掌心向上。（图 35）

2.两掌逆缠，掌心向下。（图 36）

3.左脚带左掌向左前方上步，右脚带右掌向右前方推出。（图 37、38）

4.左脚向左前方上步，左手下落与右手腕交叉，重心靠近左脚。（图 39）

【说明】

搂膝拗步是一个会意象形动作，又称上三步，因连续上步而得名。

【歌诀】

二次收来不需长，提回两足在一方；

上从下行开三步，下接掩手在前堂。

前堂拗步类斜行，转向东南立中央；

右下合上精神注，足平踏地似铜墙。

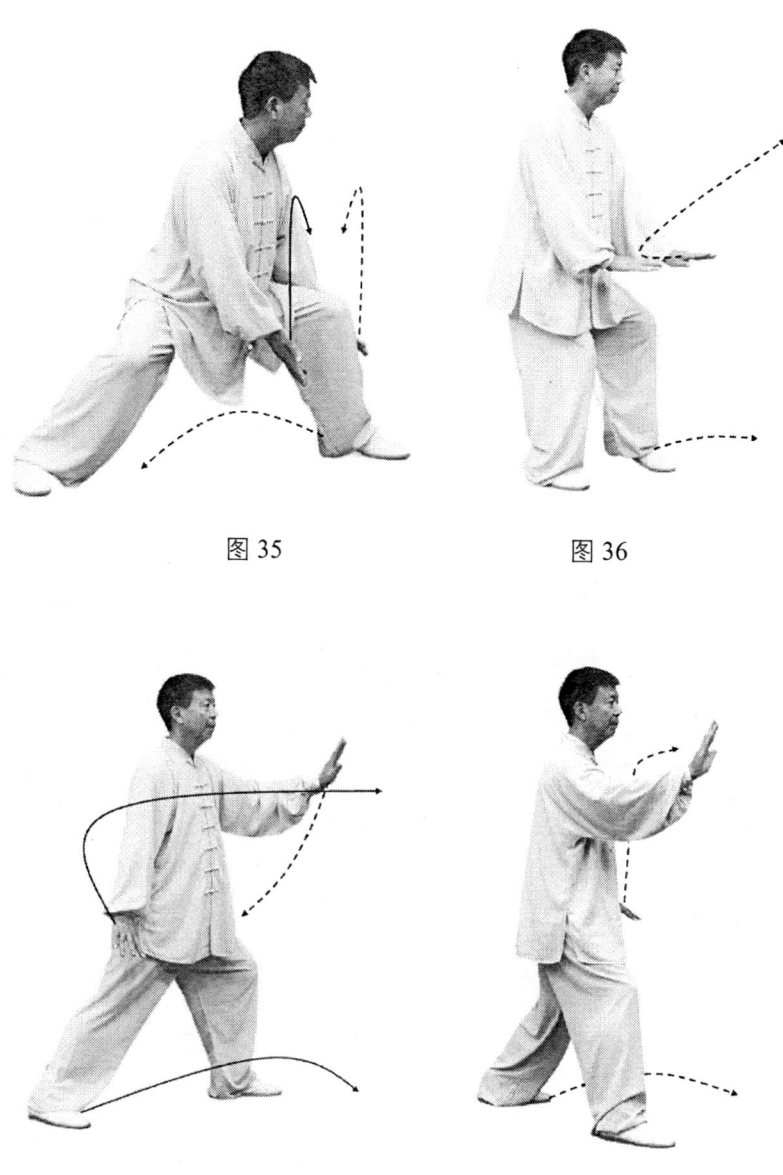

图 35　　　　图 36

图 37　　　　图 38

图 39

第九式　掩手肱拳

1. 重心移至左脚，两掌下分。（图 40）

2. 重心移至右脚，两掌合于胸前，指尖向上。松右胯，右掌握拳收于右腹前。（图 41）

4. 右脚蹬地，伸膝展髋，右拳向正前方冲出。同时，左掌变拳收于腰间，左肘后冲，目视前方。（图 42）

【说明】

掩手肱拳是一个会意象形动作，因左掌掩护右拳出击而得名。

【歌诀】

掩手捶势寓意深，掌后使捶是为真；

左掌应敌顺势走，右掌变捶势紧跟。

梢节受制心莫慌，松开我劲顺劲防；

得机屈肘迎面击，身正胯松敌归西。

图 40　　　　　图 41

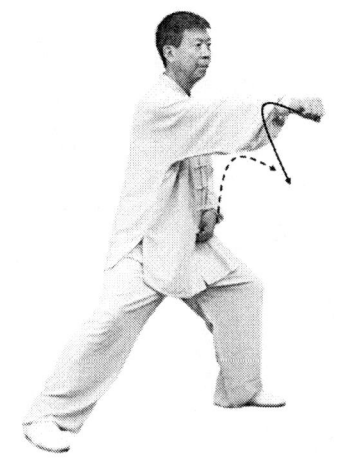

图 42

第十式　金刚捣碓

1. 两拳绕环交叉于体前。（图 43）

2.左脚尖内扣,身体向右旋转45°。同时,两拳变掌左右拉开。(图44)

3.重心移至左脚,右脚经后向前成右虚步。同时,左掌与右前臂相合。(图45)

4.右拳与左掌下落收于腹前。(图46)

5.右膝上顶。同时,右拳下勾拳。(图47)

6.右脚震脚砸拳。(图48)

【说明】【歌诀】与第二式金刚捣碓相同。

图43　　　　　　　图44

图45　　　　　　　图46

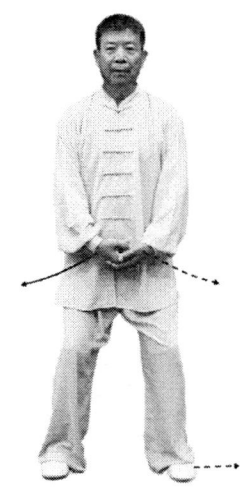

图 47　　　　　　　　图 48

第十一式　撇身捶

1. 左脚向左开步。同时，右拳变掌，两掌向体侧分开。（图 49）

2. 两掌变拳，右拳随身体左转格挡。身体右转，左拳随身体右转格挡。（图 50、51）

3. 右脚提膝向右侧开一大步。同时，右拳向前做下勾拳，左拳向后抡击。（图 52、53）

4. 身体右转，左拳摆拳。身体左转，右拳摆拳。（图 54、55）

5. 右拳上架，拳心斜向上。左拳绕腹部顶于左腰间。屈膝松胯，左肩前撇，眼睛通过左肘尖看向左脚尖。（图 56）

【说明】

撇身捶是一个会意象形动作，又称庇身捶、披身捶，因左肩折叠、右拳上架而得名。

【歌诀】

庇身捶势最难传，两足舒开三尺宽；

两手分开皆倒转，两腿合劲尽斜缠。

右拳落在神庭上，左拳岔住左腰间；
身似侧卧微嫌扭，眼神观定左足尖。
顶劲领起斜寓正，裆间撑合半月圆；
右肩下打七寸靠，背折一靠更无偏。

图 49

图 50

图 51

图 52

图 53　　　　　　图 54

图 55　　　　　　图 56

第十二式　双推掌

1. 两拳变掌，左掌前掤与右掌相合。(图57)
2. 身体左转90°，右脚上步。同时，两掌随转体向左平捋。(图58)

3. 左脚上步成左虚步，两掌随上步向胸前推出。（图59）

【说明】

双推掌是一个会意象形动作，因双手前推得名。

【歌诀】

转身后捋上步掤，以身双推螺旋劲。

掤采按捋双推掌，阴阳相济腰盘龙。

图 57　　　　　　　　图 58

图 59

第十三式　肘底捶

1. 身体右转，右脚尖外展，两掌交叉相合于胸前。右掌向上绕环变拳落于腰间，左掌经下向上绕环屈肘收于左膝上。（图60、61）

2. 松右胯，左脚前脚掌落地成左虚步，右拳落于左肘关节下。（图62）

【说明】

肘底捶是一个会意象形动作，因右拳在左肘关节下而得名。

【歌诀】

也肖猕猴像，仙桃肘下悬，

敢看不敢食，静养性中天。

图60　　　　　图61　　　　　图62

第十四式　倒卷肱

1. 右拳屈腕上提，变掌前推，左掌随左脚撤步向后拉开。（图63、64）

2. 右脚向侧后方撤步成马步，右掌与左掌相合后前后拉开，翻掌心向上。（图65、66）

3. 左脚收于右脚内侧成左虚步，两掌相合。（图 67）

【说明】

倒卷肱是一个会意象形动作。因两臂肱骨旋转开合而得名。

【歌诀】

举足皆前进，此势独退行。

两手如日月，更迭转无声。

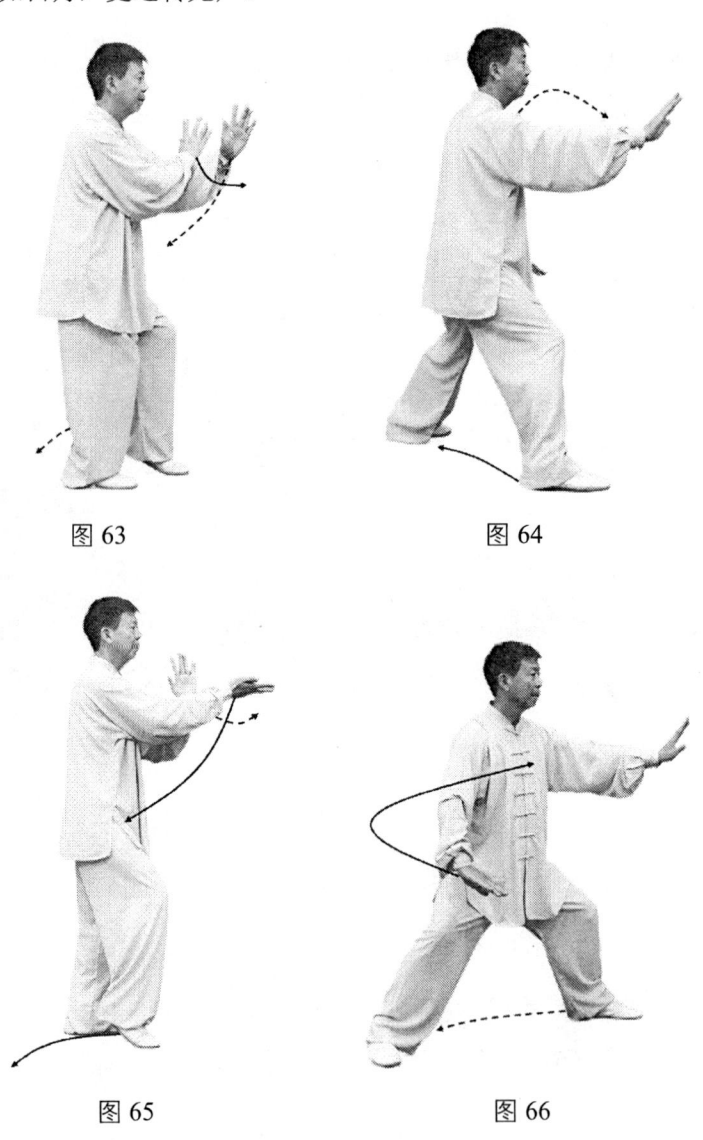

图 63　　　　图 64

图 65　　　　图 66

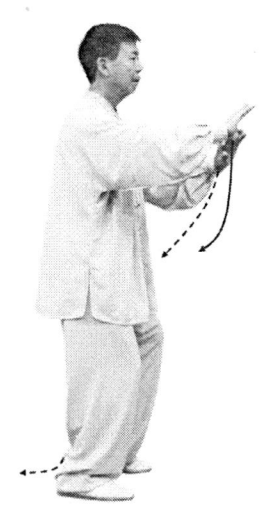

图 67

第十五式　闪通背

1. 左脚向侧后方撤步，两掌下捋。（图 68）

2. 右脚提膝上步。同时，右前臂体前格挡。（图 69、70）

3. 左脚上步成左弓步。同时，左前臂下按，右掌收于腰间。（图 71）

4. 重心移至左脚成左弓步，右掌向前上方穿出。（图 72）

5. 身体右转，重心移至右脚，左脚尖内扣。左掌下落体侧，右掌上架于额前。（图 73）

6. 重心移至左脚提右膝，以左脚前掌为轴，拧腰展体，向右旋转135°，震脚落地。同时，左脚向左前侧 45°开步。两臂从左肩上顺势下落，两掌交叉于胸前。（图 74、75）

【说明】

闪通背是一个会意象形动作，因利用背部核心劲力躲闪进击而得名。

【歌诀】

闪通背法捯劲行，五行生克随势迎；

往返挪步走轻灵，接手闪捌背法惊。
步随身换须留意，形神内外融一体；
气沉裆圆转周天，百脉通畅精气盈。

图 68　　　　　　　　图 69

图 70　　　　　　　　图 71

附录 26式太极拳套路述要 | 205

图 72   图 73

图 74   图 75

第十六式　掩手肱拳

同第九式掩手肱拳（方向相反）。

第十七式　六封四闭

同第四式六封四闭。

第十八式　单鞭

同第五式单鞭。

第十九式　云手

1. 右勾手变掌下落右胯旁，左掌上掤。（图76、77）

2. 两掌在体前顺逆缠丝。左脚与右脚依次向右交叉步后撤。左脚与左手同向运动，右脚与右手相向运动。（图78、79、80）

3. 右脚侧开一大步，左掌与右前臂相合。（图81）

【说明】

云手是一个会意象形动作，是横身法，轻柔如云，运转无间。

【歌诀】

云手轻柔如行云，两臂画圆护喉阴；

立如钟座须平稳，复而又返要均匀。

腰脊随动虚实变，两手接应顾盼间；

圆活灵捷顶虚领，随势进退用奇兵。

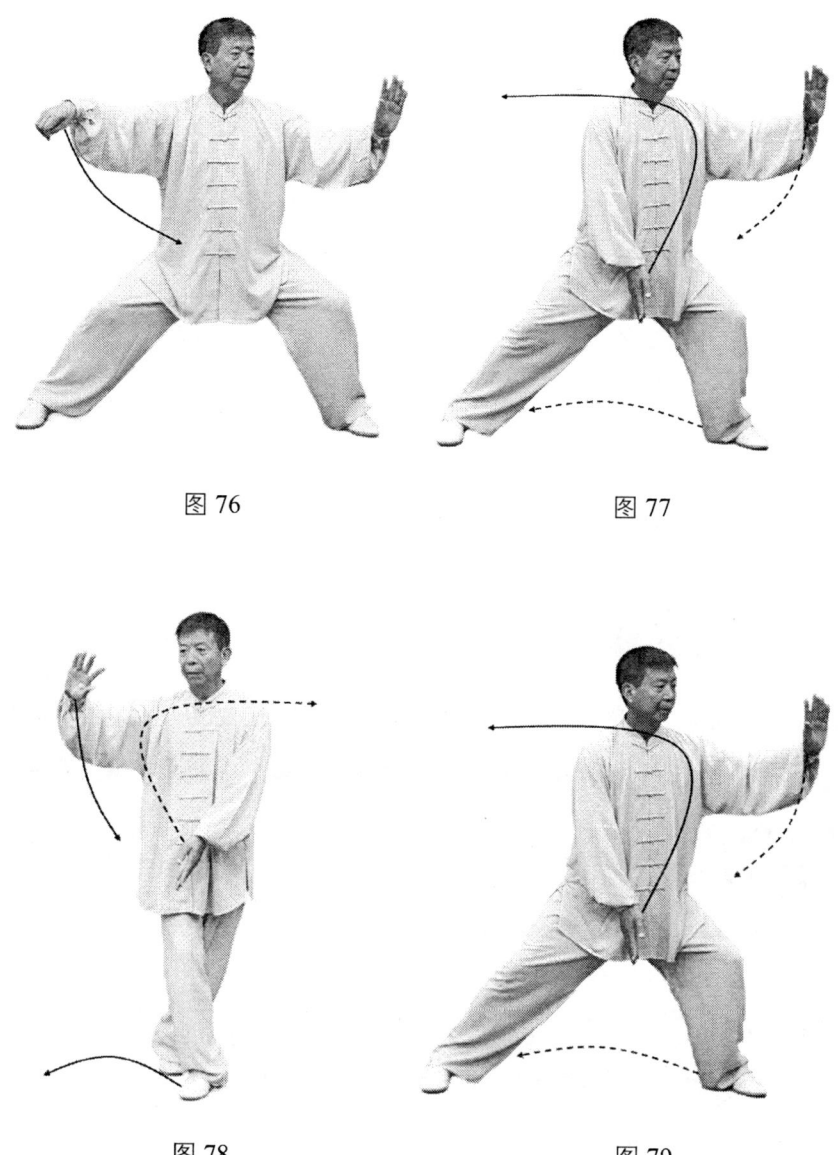

图 76　　　　　　　图 77

图 78　　　　　　　图 79

图 80　　　　　　　图 81

第二十式　雀地龙

1. 身体右转成右弓步，右掌变拳，拳、掌上掤于右前上方。（图82）

2. 重心移至右脚成左仆步，左掌变拳，两拳左下右上拉开，拳心相对。（图83）

【说明】

雀地龙是一个比喻意象动作，又称铺地鸡，如鸟类捕食地下的食物，攻击对手身体的下部而得名。

【歌诀】

未被人推身落地，如何下体坐尘埃；

下惊上取君须记，颔下得珠逞奇才。

图 82　　　　　　　图 83

第二十一式　上步七星

1. 重心移至左脚成左弓步。同时，左拳拳心向上前冲，右拳收于腰间。（图84）
2. 右脚上步成右虚步，右拳与左拳在手腕处交叉，拳心向上。（图85）
3. 两拳向内绕环变掌，向前推出。同时，右脚后跟震地。（图86）

【说明】

上步七星是一个比喻意象动作，因其身体部位（头、拳、肘、肩、脚、膝、胯）酷似北斗七星而得名。

【歌诀】

脚踢拳打下乘拳，妙手无处不浑然；
任他四围皆是敌，此身一动悉颠连。
我身无处非太极，无心成化如珠圆；
遭着何处何处击，我亦不知玄又玄。
总是此心归无极，练到佛家一朵莲；
功夫到此仍不息，从心所欲莫非天。

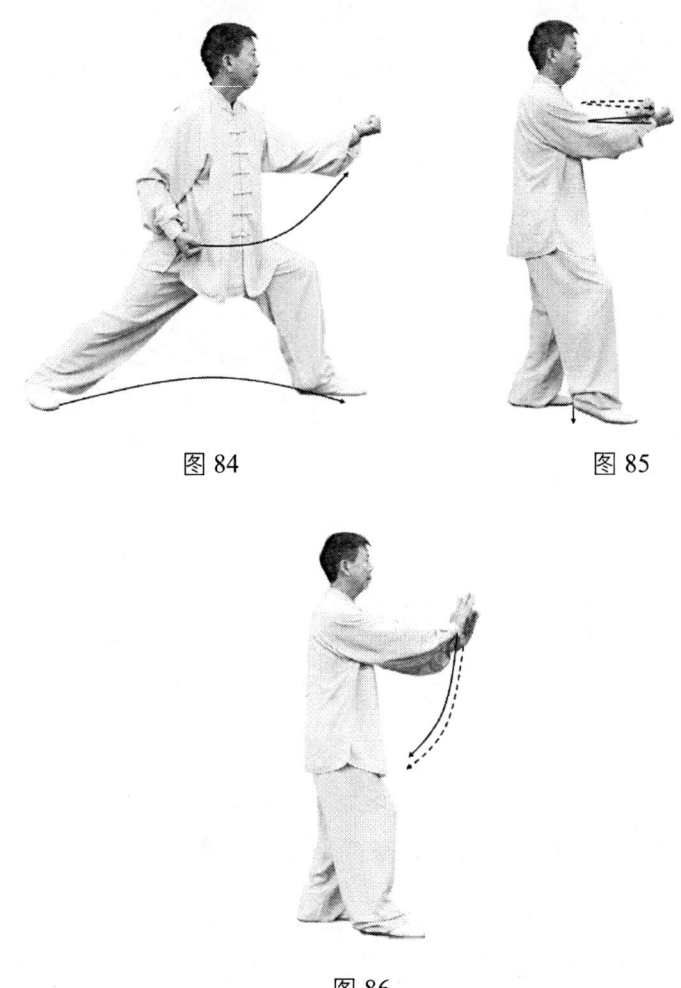

图 84　　　　　图 85

图 86

第二十二式　下步跨虎

1.提右膝，身体向右旋转 90°。同时，两掌向内绕环上举，随右脚震地下落腹前。（图 87、88、89）

2.身体右转 45°。同时，两掌左右分开，掌心斜向后。（图 90）

3.左脚上步成左虚步，左掌屈肘立于胸前，右掌合于左肘下。（图 91）

【说明】

下步跨虎是一个会意象形动作,因古拳论将胯称作"虎"而得名。

【歌诀】

退步跨虎敌劲空,双臂左右活似龙;

上撑下领劲蓄满,借人之力顺势变。

追风赶月不放松,旋胯转身把敌扔;

身活腰正顶虚领,太极阴阳理义明。

图 87

图 88

图 89

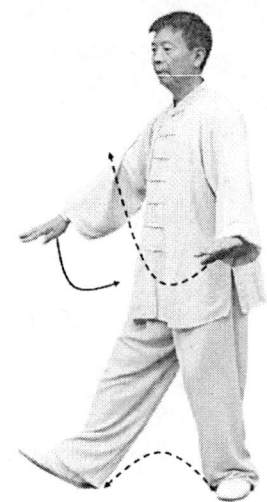
图 90

图 91

第二十三式　双摆莲

1. 两掌前掤，右脚向后撤步成左弓步。（图92）

2. 重心移至右腿，两掌向后绕环落于右膝上。（图93）

3. 重心移至左腿，右脚收回左脚旁成右虚步。同时，两掌收于右胸前。（图94）

4. 提右膝向后外摆，右脚背与两掌在额前依次击响。（图95）

【说明】

双摆莲是一个比喻意象动作，又称转身摆脚，因古代称女子脚为"金莲"而得名。

【歌诀】

右手上托倒转躬，先卸右肱让英雄；

再将两手向左击，右脚横摆夺化工。

图92

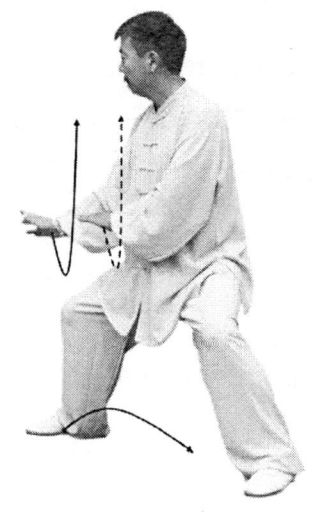
图93

图 94　　　　　　　图 95

第二十四式　当头炮

1. 右脚向后落地，两掌变拳收于腰间。（图 96）

2. 右脚蹬地成左弓步，两拳从腰间向前崩出，左拳心向上，右拳心向下。目视拳击方向。（图 97）

【说明】

当头炮是一个比喻意象动作，因其动作如爆竹炸响而得名。

【歌诀】

阖辟刚柔顺自然，一扬一抑理循环；

当头一炮人难御，动静形消太极拳。

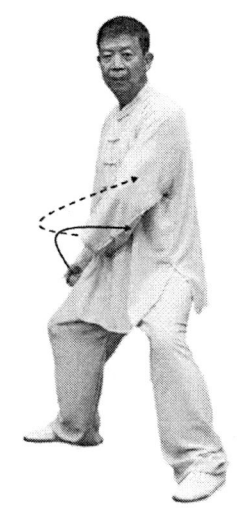 

图 96　　　　　　　　　图 97

第二十五式　金刚捣碓

同第二式金刚捣碓。

第二十六式　收势

1. 右拳变掌，身体上领，两臂侧平举。（图 98、99）

2. 松肩沉肘，两臂后旋上举。（图 100）

3. 两掌变拳屈肘落于脑后。左脚并步，两腿慢慢伸直。（图 101）

4. 两拳变掌经腹前落于体侧。左脚并步直立。（图 102）

【说明】

收势是太极拳套路的结束动作。通过收势可以使运行周身的气血回归丹田，呼吸和意念归于平静。这是无极生太极、太极归无极的无限循环和量变到质变的过程。

【歌诀】

静心收势守真元，天人合一道自然；

太极阴阳贵在变，此消彼长宗一圆。

如环无端往复转，开合动静法无偏；

修身养性意延年，得传久练返先天。

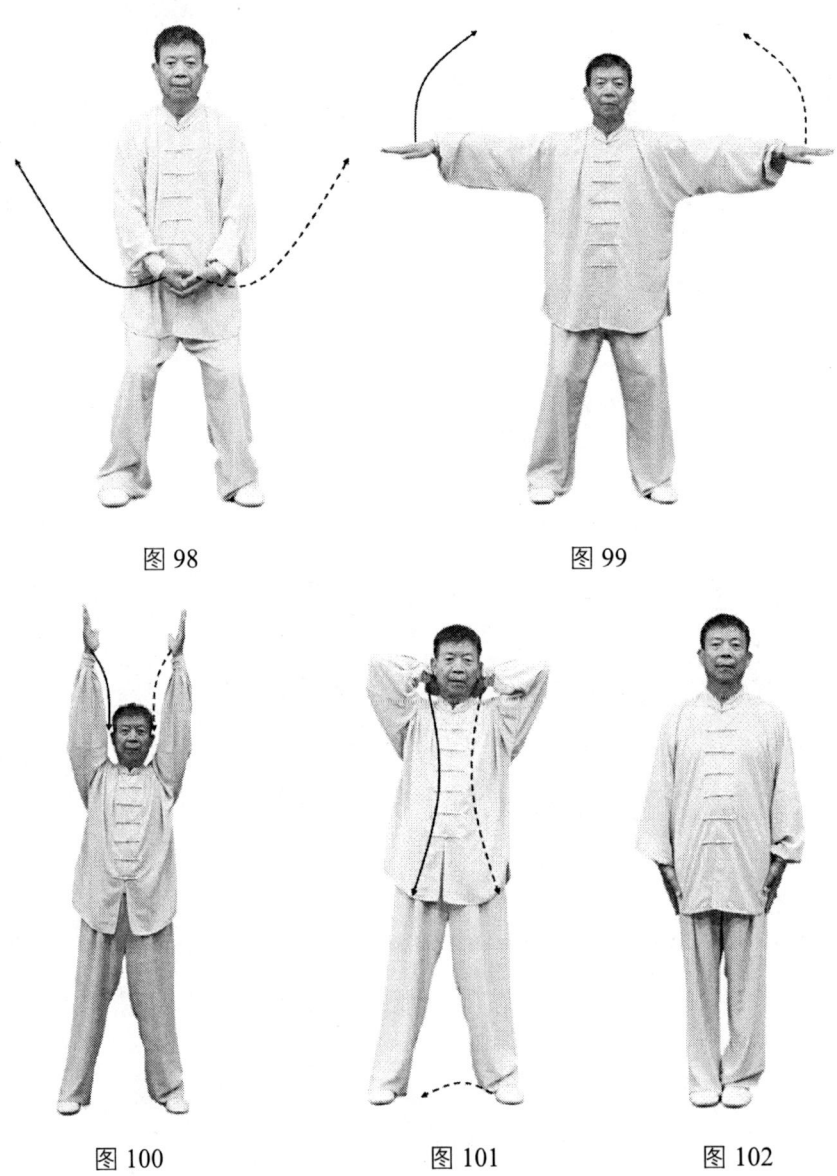

图 98　　　　　　　图 99

图 100　　　　图 101　　　　图 102

参考文献

[1] 王宗岳，等.太极拳谱[M].沈寿，点校考译.北京：人民体育出版社，1991.

[2] 陈鑫.陈氏太极拳图说[M].上海：上海书店出版社，1986.

[3] 陈照奎，马虹.陈式太极拳拳法拳理[M].北京：北京体育大学出版社，1998.

[4] 唐豪，顾留馨.太极拳研究[M].北京：人民体育出版社，1964.

[5] 唐豪.少林武当考·太极拳与内家拳·内家拳[M].太原：山西科学技术出版社，2008.

[6] 唐豪.王宗岳太极拳经·王宗岳阴符枪谱·戚继光拳经[M].太原：山西科学技术出版社，2008.

[7] 唐豪.中国武艺图籍考[M].太原：山西科学技术出版社，2008.

[8] 许禹生.太极拳势图解[M].太原：山西科学技术出版社，2006.

[9] 徐才.武术学概论[M].北京：人民体育出版社，1996.

[10] 沈寿.太极拳法研究[M].福州：福建人民出版社，1984.

[11] 沈寿.太极拳文集[M].北京：人民体育出版社，2005.

[12] 余功保.中国太极拳辞典[M].北京：人民体育出版社，2006.

[13] 乔凤杰.武术哲学[M].北京：社会科学文献出版社，2007.

[14] 乔凤杰.中华武术与传统文化[M].北京：社会科学文献出版社，2006.

[15] 乔凤杰.文化符号：武术[M].北京：社会科学文献出版社，

2014.

[16] 申国卿.中国武术百年转型历程研究：1900—2012[M].北京：科学出版社，2017.

[17] 张义敬，张宏.太极拳理传真[M].重庆：重庆出版社，2013.

[18] 高壮飞，若水.千思百问太极拳[M].北京：中国海关出版社，2005.

[19] 张肇平，杜飞虎.论太极拳[M].北京：北京体育大学出版社，2002.

[20] 和有禄.和式太极拳谱[M].北京：人民体育出版社，2003.

[21] 郭福厚.太极拳秘诀精注精译[M].北京：人民体育出版社，2015.

[22] 梅墨生，李树峻.李经梧太极内功及所藏秘谱[M].北京：当代中国出版社，2010.

[23] 严双军.中国太极拳[M].郑州：河南人民出版社，2015.

[24] 栗胜夫.中国武术发展战略研究[M].北京：人民体育出版社，2003.

[25] 韩雪.中州武术文化研究[M].北京：人民体育出版社，2006.

[26] 洪浩.竞技武术发展理论之研究[M].北京：人民体育出版社，2005.

[27] 程大力.中华武术：历史与文化[M].成都：四川大学出版社，1995.

[28] 人民体育出版社.太极拳全书[M].北京：人民体育出版社，1988.

[29] 旷文楠，等.中国武术文化概论[M].成都：四川教育出版社，1990.

[30] 田广林.中国传统文化概论[M].北京：高等教育出版社，1999.

[31] 张岱年，方克立.中国文化概论[M].北京：北京师范大学出版社，

1994.

[32] 周敦颐. 周敦颐集 [M]. 陈克明，点校. 北京：中华书局，1990.

[33] 王阳明. 传习录 [M]. 于自力，孔薇，杨骅骁，注译. 郑州：中州古籍出版社，2004.

[34] 陈来. 朱子哲学研究 [M]. 上海：华东师范大学出版社，2000.

[35] 梁启超. 中国之武士道 [M]. 北京：中国档案出版社，2006.

[36] 张岱年. 中国哲学大纲 [M]. 南京：江苏教育出版社，2005.

[37] 张应杭. 中国传统文化概论 [M]. 杭州：浙江大学出版社，2005.

[38] 廖名春.《周易》经传十五讲 [M]. 北京：北京大学出版社，2004.

[39] 国家体委武术研究院. 中国武术史 [M]. 北京：人民体育出版社，1997.

[40] 原林，王军. 筋膜学 [M]. 北京：人民卫生出版社，2018.

[41] 罗伯特·施莱普. 运动筋膜学 [M]. 关玲，主译，北京：人民卫生出版社，2017.

[42] 托马斯·W. 梅尔斯. 解剖列车：徒手与动作治疗的肌筋膜经线 [M]. 关玲，周维金，翁长水，主译. 北京：北京科学技术出版社，2016.

后记

《太极拳文化概论》的编纂和出版是焦作大学2017年党政联席会议专题讨论确定的重要事项，目的是解决太极拳练习者和专业学生缺乏专业理论书籍的问题。会上，人事处、教务处领导都对此给予了肯定和支持，综合考虑学校的发展战略和专业优势，提出了"搁置争议，突出重点，言简意赅，简明扼要"的十六字方针，为本书的撰写确定了方向和基调。2018年和2019年又先后多次召开专家讨论会，邀请校内文学院、艺术学院和校外知名武术专家对本书的框架结构和撰写进程进行了论证，在充分考虑阅读对象和适用范围的基础上明确了撰写内容的广度与深度。大家一致认为：太极拳文化是一种人体文化形态，是人体生命科学的一种表现形式，是中国传统武术文化的子系统，是太极文化的具体化和重要载体；太极拳是中国传统文化的重要载体，要合理区分太极文化和太极拳文化，要重点关注太极拳文化对青年人心理和生理的正面影响，引导他们树立正确的义利观，形成良好的生活方式和终生锻炼身体的习惯。

太极是一个哲学概念，属于认识论范畴，太极文化可以帮助练习者理解太极拳运动的思想来源和人生智慧；太极拳是一种技术实践，属于生命科学领域，太极拳文化不仅需要练习者用身心体验，还需要利用当代先进的科学成果对其内容、方法和技术进行科学的分析和论证。太极拳是一项综合运动方式，有自己独特的教学内容和训练体系，涉及中医学、人体解剖学、运动生物力学、筋膜学和心理学等多个学科，需要进行跨学科的理论重构和技术研究。太极文化与太极拳文化是两个层次不同的概念，太极文化以阴阳为根，太极拳文化以人为本。这是一和二、二和一的关系，两者统一于人，这是该书立论的依据。因此，人是太极拳的本，文化和技术是太极拳的魂。没有本，魂将焉附？没有魂，本复何求？只有两者合二为一，才能实现阴阳和合、内外兼修、身心和谐、天人合一的"太极"境界。

时至今日，对于太极拳的科学研究主要停留在人文社科领域，真正运用现代科学技术结合传统经验进行跨学科研究的权威成果还很少，相关研究机构也没有具体的战略规划发布，对广大太极拳爱好者来说，不能不说是一种遗憾。虽然我们提出了太极拳运动锻炼的是人体的筋膜系统、太极拳运动能唤醒人体中沉睡的筋膜意识这两个研究思路，但要证明这两个推断还有很长的路要走。我们期待着能用严谨的科学方法和手段揭开太极拳的神秘面纱，我们也期待着这一天的早日到来，为此我们将负重前行，不负韶华！

改革开放以来，太极拳的发展有目共睹，并且随着"一带一路"的推进，已经传播至60多个国家，全世界太极拳运动的练习者数以亿计。面对如此庞大的受众群体，还没有一本介绍太极拳文化的专业著述，这不仅是太极拳的损失，也是太极拳文化国际传播之殇。2020年12月17日，太极拳如愿入选联合国教科文组织人类非物质文化遗产代表作名录，这是中国第一个国际"申遗"成功的传统武术拳种。《太极拳文化概论》的出版恰逢其时，将在一定程度上助力太极拳文化的国际传播。

数年来，本书的创作几乎占据了我全部的业余时间，刘玉明老师也给予了最诚挚的帮助，其中有茫然也有快乐，有困苦也有喜悦。感谢学校领导魏曰高、霍晓丽给予的支持和鼓励，帮助我们解决创作中遇到的各种问题；感谢院系领导邢树强、王友军给予的大力支持，也感谢爱人张艳岭以及同事、朋友在生活中的帮助和支持！

由于作者综合能力所限，第一版《太极拳文化概论》尽管做了较为充分的论证和校对，难免还会出现这样那样的问题，特别是太极拳推手和功法章节，并没有深入展开探讨。希望各位专家、学者和有识之士多提宝贵意见，为再版《太极拳文化概论》建言献策！